CORAGEM PARA VENCER

FABIANO BARCELLOS

CORAGEM PARA VENCER

DESCUBRA COMO MUDAR SEUS HÁBITOS E REALIZAR O DOBRO NA METADE DO TEMPO

Academia

Preparação: Alice Ramos
Revisão: Vivian Miwa Matsushita e Laura V. Prado
Diagramação: Sergio Rossi
Capa: Rafael Brum
Imagem de capa: PM Images / Getty Images

Dados Internacionais de Catalogação na Publicação (CIP)
Angélica Ilacqua CRB-8/7057

Barcellos, Fabiano
Coragem para vencer: descubra como mudar seus hábitos e realizar o dobro na metade do tempo / Fabiano Barcellos. – São Paulo : Planeta, 2019.
168 p.

ISBN: 978-85-422-1786-5

1. Técnicas de autoajuda 2. Sucesso 3. Produtividade 4. Administração do tempo 5. Autorrealização I. Título

19-1775 CDD 158.1

Índices para catálogo sistemático
1. Autoajuda

Acreditamos nos livros

Este livro foi composto em Adobe Garamond Pro e Soho Cond e Medium e impresso pela Gráfica Santa Marta para a Editora Planeta do Brasil em janeiro de 2020.

2020

EDITORA PLANETA DO BRASIL LTDA.
Rua Bela Cintra 986 – 4º andar – Consolação
São Paulo – SP CEP 01415-002
www.planetadelivros.com.br
faleconosco@editoraplaneta.com.br

*Dedico esse livro a minha família,
em especial à minha esposa Hulim
Barcellos e, hoje, a inspiração dos meus
dias, meu filho Enzo Barcellos.*

Mais um sonho realizado!

Sumário

INTRODUÇÃO

Qual é o tamanho do seu sonho?

Se você imaginou que este livro seria mais um sobre a história de alguém que não tinha nada e mudou de vida, sinto informar-lhe de que está enganado! Sem querer desmerecer a história dos outros – muito pelo contrário, pois respeito e admiro todas essas pessoas –, mas o assunto aqui é outro.

Então, justamente por não se tratar de um livro de superação, é necessário que você saiba com certeza qual é o tamanho do seu sonho. Porém, mais do que isso, tenha em mente o que seria capaz de mudar em sua vida para realizar esse sonho. Use o tempo necessário para pensar sobre isso. Analise sua vida e trajetória e reflita sobre as pessoas que estão ao seu lado.

Em seguida, seja sincero com você mesmo. Olhe bem para o espelho, com toda a sinceridade, e responda: você é feliz hoje?

A resposta para essa pergunta exige coragem. Enfim, é de coragem – e de muita determinação – que se trata este livro.

Então, vamos construir a sua história também?

O que
não é
percebido
não
existe!

TESTE: Você está satisfeito com a sua vida hoje?

Muitas vezes, na rotina maluca que acabamos enfrentando no dia a dia, nos sobra pouquíssimo tempo para pensar na própria vida. A verdade é que, simplesmente, vivemos, sem sequer nos darmos conta de *como* estamos vivendo. E isso pode até funcionar durante um período; aliás, costuma funcionar desde que tenhamos um objetivo muito bem traçado. A luz vermelha acende quando esse objetivo, esse sonho, não faz parte da nossa rotina.

Se você anda se perguntando qual é o propósito da sua vida, o que te faz feliz e o que te move a continuar lutando e abrindo mão de momentos prazerosos para alcançar algo maior e melhor, você está no lugar certo. E se você nem sonha em saber o que é que você tanto procura, este lugar e este livro também são para você. No entanto, antes de começarmos a traçar o seu caminho para uma vida com mais coragem, mais alegria e mais satisfação, você precisará responder a algumas perguntas para que consiga identificar como cada história e cada dica deste livro poderão te ajudar a se transformar em um vencedor.

Antes de começar a ler este livro, por favor, separe um tempo para se dedicar a esse teste. Mas, não se preocupe, eu sei que o tempo é precioso e, por isso, você não levará muito tempo para concluir o teste. Peço, no entanto, que se concentre exclusivamente na leitura, no teste e no seu momento, para conseguir alcançar um resultado verdadeiro e de qualidade. Lembre-se: se você não se dedicar agora, mais à frente precisará voltar e ler esta parte do livro para conseguir aplicar os ensinamentos com mais eficácia.

Separe um pedacinho do seu dia para se dedicar a este teste. Pense em algum momento em que você poderá se dedicar exclusivamente a si mesmo, aos seus desejos e aos seus sonhos. Procure estar relaxado e descansado. Pense, por exemplo, em encontrar um horário que se repita ao longo dos dias que virão, pois assim você conseguirá ler este llivro rapidamente e poderá colocar em prática tudo o que aprender.

Bora começar logo esse teste, então?

Teste da verdade

Não por acaso, eu decidi chamar este teste de *Teste da verdade*. Minha intenção é mesmo te colocar contra a parede e pedir, ainda que indiretamente, que você comece a encarar a verdade da sua vida de uma vez por todas. Aqui, você não terá espaço para meias verdades, mentiras bem contadas ou desculpas esfarrapadas. Livre-se de todos os *ah, mas...* para começar a responder as perguntas a seguir. Relaxe e concentre-se no que você quer descobrir e transformar com este livro e daqui em diante. A sua vida está prestes a mudar e isso exige que você se concentre em dizer a verdade para poder se conhecer e mudar o que for preciso a fim de alcançar os seus sonhos.

A lógica de funcionamento deste teste é muito simples, pois você só terá duas opções de resposta às 16 perguntas: SIM e NÃO. Para facilitar a contagem de pontos, o SIM será representado pelo número 1 e o NÃO pelo número 2. Ao fim do teste, você deverá somar a quantidade de pontos e verificar o que cada intervalo de pontos indica. Esse resultado é o que o ajudará a encontrar-se no que chamo de *pré-empreendedor* e, mais do que isso, ao longo do livro você conseguirá perceber quais características do seu perfil precisarão ser transformadas para que você se torne um empreendedor completo e corajoso.

Chega de enrolação e bora começar!

1) Atualmente, você se sente realizado financeiramente?

SIM NÃO

2) Você acredita que chegou ao auge da sua carreira profissional?

SIM NÃO

3) Você tem sonhos para o seu futuro profissional?

SIM ◻ ◻ NÃO

4) Você se imagina trabalhando amanhã com o que trabalha hoje?

SIM ◻ ◻ NÃO

5) Você consegue passar um tempo livre com a sua família durante a semana?

SIM ◻ ◻ NÃO

6) Você consegue dedicar um tempo livre para fazer algo de que gosta?

SIM ◻ ◻ NÃO

7) Você tem tempo para cuidar de si mesmo, como, por exemplo, fazer atividade física e ir ao médico?

SIM ◻ ◻ NÃO

8) Você acredita que o seu trabalho é capaz de melhorar o mundo?

SIM ◻ ◻ NÃO

9) Você consegue ajudar as pessoas com o seu trabalho?

SIM ◯ ◯ NÃO

10) Você é dono dos seus horários?

SIM ◯ ◯ NÃO

11) Você acredita ser capaz de deixar um legado para sua família?

SIM ◯ ◯ NÃO

12) Acredita que daqui a cinco anos terá qualidade de vida se continuar fazendo o seu trabalho do mesmo modo como o faz atualmente?

SIM ◯ ◯ NÃO

13) Você consegue realizar os seus sonhos?

SIM ◯ ◯ NÃO

14) Você é admirado pelos seus amigos?

SIM ◯ ◯ NÃO

15) Você admira os seus colegas de trabalho?

SIM (|) NÃO

16) Você tem coragem de começar algo novo a fim de mudar a sua vida para melhor completamente?

SIM (|) NÃO

Resultado

Some os pontos das suas respostas e, em seguida, leia o perfil em que sua margem de pontuação se enquadra.

De 16 a 22 pontos: realizado, destemido, corajoso

Você está pronto para a luta e sabe o que quer

Se o resultado do seu teste ficou entre 16 e 22 pontos e se você foi realmente sincero ao responder às minhas perguntas, você, definitivamente, tem o perfil daquele que "é destemido, sabe o que quer e corre atrás dos seus sonhos". Você está bem e sabe dizer que está exatamente onde deveria estar e, mais do que isso, onde gostaria de estar. Mas o que fazer com isso? Você já conseguiu alcançar o seu tão sonhado estilo de vida com estabilidade financeira e emocional, mas ainda assim sente que pode mais e quer fazer mais pelo mundo? Você está no lugar certo.

A partir de agora você começará a conhecer a minha história, o meu verdadeiro eu, aquele que dorme e acorda todos os dias sendo Fabiano Barcellos. E a minha história vai ajudá-lo a entender o que é essa busca que parece não ter limites nem fim. Eu não estou aqui para encontrar o limite do seu sonho ou o momento em que você deve se sentir satisfeito e considerar-se aposentado dessa busca incansável pelo novo. Pelo contrário, estou aqui para ajudá-lo a encontrar propósito e motivos que o levem a continuar seguindo em frente e movimentando o mundo.

Você já parou para pensar nisso? Afinal, o que o motiva a continuar seguindo em frente? O que o motiva a continuar seguindo em busca de algo novo?

De 23 a 32: receoso, ainda tenho dúvidas se devo mudar

Ainda me questiono muito se devo arriscar uma coisa nova para a minha vida

Se o resultado do seu teste ficou entre 23 e 32 pontos e se você foi realmente sincero ao responder às minhas perguntas, você, definitivamente, tem consciência de que há algo de errado com a sua vida, mas ainda não sabe muito bem o que não está funcionando como deveria e, por esse motivo, acaba se agarrando aos pontos positivos de tudo aquilo que não te faz bem, de modo a se consolar e continuar seguindo no caminho que começou a trilhar para não decepcionar os outros ou acabar parecendo um maluco. E é aí que mora o perigo. Será que você não consegue realizar todos os seus sonhos? Será que você realmente não tem direito de melhorar a sua vida? E será que a mudança não é mesmo para você?

Pare para pensar e tente avaliar tudo o que trava as suas atitudes para mudar o que poderia melhorar a sua vida.

Agora você já sabe em que ponto está e poderá aproveitar a leitura deste livro de modo muito mais eficaz na sua transição de vida. Não se preocupe em tentar entender em que ponto você é diferente dos outros dois perfis, pois a grande verdade é que todos nós podemos ser os três perfis antes de evoluirmos para a mudança completa e nos tornarmos donos de nosso próprio tempo. O que você deve ter em mente agora é que saber o perfil em que você se encontra hoje é determinante para conseguir mudar e conquistar tudo o que você deseja.

Você está pronto?

Eu espero que sim, pois, a partir de agora, o livro começará de verdade e você terá acesso à minha história, ao verdadeiro Fabiano. Eu espero que a minha história o ajude a transformar a sua vida e a fazê-lo acreditar nos seus sonhos, na sua capacidade e na sua habilidade de mudar o mundo e as pessoas.

Antes de começar a leitura, tenho mais um pedido a fazer: quero que você responda à seguinte pergunta nas linhas abaixo. Para respondê-la, seja o mais sincero possível e não economize nas palavras. Tente se lembrar das características que te impedem de agir diferente. Tente procurar em você o que falta para algo extraordinário acontecer.

Eu sei que esse exercício pode soar um pouco difícil e catastrófico, mas eu vou precisar que você faça essa viagem para dentro de si, pois só assim, ao final do livro, você conseguirá se reencontrar com essa pessoa que está prestes a começar a ler o meu livro e ver o quanto ela mudou e se transformou em alguém diferente e cheio de coragem. Aceite o desafio e eu garanto não decepcionar.

O que você faria para mudar a sua vida?

PARTE 1
SONHO

Capítulo 1
A idealização de um sonho

Você deve estar curioso para saber o motivo pelo qual a minha história é diferente de todas as presentes nos livros sobre empreendedorismo.

Para começar a compreender essas diferenças, é preciso entender que não perdi tudo e fiquei sem opções ou que sempre soube o que gostaria de ser "quando crescesse". Então, o que fez eu mudar completamente a minha vida? Simples: o tamanho do meu sonho me fez querer ser diferente!

Isso significa que, para empreender ou mudar a vida, não é necessário começar do zero, nem é condição exclusiva de alguém que perdeu todas as opções que tinha. Esqueça isso e entenda, de uma vez por todas, que para mudar de vida é preciso somente coragem!

Portanto, é hora de parar com esse blá-blá-blá! Mas, antes de entrar na história do Fabiano, do homem que ele é e que se formou ao longo do tempo, é preciso conhecer um pouco da história de vida dele para entender por que falo tanto de coragem.

Assim como todo jovem, cresci buscando descobrir o que gostaria de fazer quando me tornasse adulto. Eu sabia desde sempre que teria de estudar, de escolher uma faculdade e seguir uma profissão. Mas o que fazer? O que eu desejava ser?

Enfrentei momentos de dúvidas, incertezas, sem saber do meu futuro. No entanto, em nenhum momento da vida – e quero dizer nenhum momento mesmo – passou pela minha cabeça desistir, não importava qual era a busca. Afinal, a coragem sempre fez parte da minha essência.

Desse modo, a carreira que escolhi precisou de um tempo para ser amadurecida até, de fato, eu estar pronto para assumi-la. Em outras palavras, a minha coragem me movia como conquistador de sonhos e de objetivos, pois sempre fui o tipo de pessoa que vai lá e faz, porém demorei a perceber que a medicina seria, enfim, a minha escolha.

Por um tempo, conciliei os estudos com o sonho de ser jogador de futebol. *E eu era – sou, desculpem a modéstia – bom de bola!* Assim, nesse período, decidi que seria jogador de futebol profissional. Mas o que fiz para mudar a rota?

Determinação assusta!

Apesar de ser muito jovem, a minha determinação e decisão firme causavam espanto nas pessoas ao meu redor. Naquela época, talvez eu não percebesse o que se passava com as pessoas ao meu lado. *E, na maioria das vezes, nós não percebemos mesmo.* Você certamente já passou por situações em que estava extremamente determinado a realizar um sonho, e encontrou, ao longo do caminho, pessoas questionando sua vontade, não é mesmo?

Pare e pense! Lembre-se de que é preciso sinceridade para que este livro ajude você a mudar de vida de uma vez por todas.

Por menor que tenha sido o evento que causou espanto em pessoas ao seu redor, você já presenciou situações em que todos duvidaram da sua vontade e determinação. Isso é normal. Afinal, o mundo está cheio de gente que vai duvidar dos nossos sonhos, das nossas metas e dos nossos objetivos. *Acostume-se com isso se quiser ser um vencedor.* A sua postura é que vai mudar o rumo da sua história! E, mais do que isso, aprender a desconsiderar a opinião dos outros sobre você será o seu grande aliado nesta jornada. #FocoEDeterminação

Achar
que o seu
problema
é único é
menosprezar
os problemas
dos outros.

Então, você deve estar se perguntando: Fabiano, é verdade isso mesmo? Sim, sou bom de bola e treinava muito para ser um profissional. *A verdade é que eu estudava apenas nas minhas horas vagas.* Assim, fui atrás do meu sonho, com muita dedicação, até chegar o momento de me inscrever para um teste. Fiz o teste e passei, mas não virei um jogador de futebol profissional!

Como quase tudo na vida, eu não podia controlar tudo. Ainda que eu fosse determinado e corajoso o suficiente para encarar o meu sonho, também era menor de idade. E, portanto, dependia dos meus pais para determinar escolhas.

Eu passei no teste e decidi perder a prova final do vestibular para realizar o meu sonho, porém minha família não quis assinar o contrato de trabalho como jogador de futebol, portanto, não fui autorizado a seguir com aquele sonho. Eu não tive escolha.

Nessa época, tive o meu primeiro choque, pois, apesar de saber que era muito bom jogando, não podia seguir com aquele trabalho. Era hora, então, de voltar a estudar com dedicação para me tornar um vencedor. Assim, posso dizer sem vergonha nenhuma que eu poderia fazer qualquer curso: direito, medicina, engenharia. Afinal, eu queria vencer! No entanto, a medicina surgiu como a melhor possibilidade de transformar o mundo por meio do meu trabalho.

Então, apesar de eu não ter tanta proximidade com um tio que era médico, ele acabou se tornando uma referência profissional para mim. A medicina praticada por ele, preocupada em atender o lado humano e, de fato, fazer o bem, era o que chamava a atenção e despertava meus desejos em seguir com aquela carreira.

Isso não significa que eu não sabia que a realidade dos médicos se transformava diariamente devido aos planos de saúde e às condições de trabalho nos hospitais, mas o meu propósito era alcançar um *status* na medicina com o qual fosse possível atuar com humanidade e preocupado em fazer o bem. Meu foco não era vencer os planos de saúde e as infinitas horas de plantão.

Esse era o tamanho do meu sonho: eu não queria ser um médico qualquer! Então, como ser o médico que o meu tio foi? Essa era a pergunta que me guiava em meu caminho na medicina. E o que fiz para me tornar o médico e a pessoa que sou hoje? Se você imagina um caminho linear, definido, traçado e cumprido à risca, surpresa: nada disso aconteceu!

Seja bem-vindo ao meu primeiro desafio profissional!

Decisão não é algo que deve apenas ser dito. Decisão é algo que deve ser **sentido**!

Capítulo 2
Sonhar é diferente de realizar

Eu não sou perfeito nem tudo sempre sai como planejo. Aliás, na maioria das vezes, muitas coisas planejadas em minha vida não aconteceram como imaginei, e tenho coragem de assumir isso. A "porrada" que levei da vida, ao ser impedido de jogar futebol profissionalmente, fortaleceu minha coragem em vencer. *Vencer na vida mesmo.*

Naquele momento, passei a dedicar meu tempo aos estudos para ser melhor naquilo em que já me considerava bom. O fato é que eu sabia que era capaz de passar no vestibular de medicina, só tinha de me dedicar mais – o quanto fosse suficiente. Mas como?

A verdade é que, num primeiro momento, fiquei esgotado. A minha autocobrança era tanta e tão forte que fiquei enfraquecido fisicamente, e meu corpo começou a responder mal às situações de estudos intermináveis. O que me guiava era pensar em como as pessoas passavam no vestibular de medicina e eu não. Eu tinha de conseguir, pois era tão bom quanto elas. Por que eu não conseguia?

A minha cobrança por resultado chegou ao ponto de fazer com que eu perdesse todas as forças. Então, por causa desses eventos, eu entendi a necessidade de dar atenção à minha saúde mental. Era preciso encontrar um equilíbrio entre a minha força física e a minha força emocional, pois já não bastava mais ficar horas e horas estudando sem estar bem psicologicamente.

No fim, eu consegui equilibrar esse pilar e fui aprovado no curso de medicina. E eu já sabia o médico que gostaria de ser: cardiologista. Fiz toda a graduação pensando na residência e, num prazo de dez anos, finalmente, atingi a meta de virar um cardiologista.

#AprendendoATerCoragem

Vamos treinar um pouco! Como você se relaciona com a palavra "coragem"? É capaz de listar situações em que tenha se sentido corajoso? Faça um esforço e pense em todas as áreas de sua vida. Busque na memória os momentos de coragem e não tenha vergonha de escrever seus atos de bravura e força aqui. Liste pelo menos três atitudes corajosas relacionadas a qualquer situação.

Eu não quis parecer pedante ao afirmar que sempre tive coragem, mas a verdade é que sempre coloquei meus desejos em primeiro lugar. Jamais dei ouvidos ao que outras pessoas diziam a meu respeito ou sobre minhas escolhas. Buscava sempre enfrentar com determinação as críticas que chegavam a mim e segui em frente a fim de realizar meus sonhos. Isso, em muitos momentos, é claro, me transformou em um teimoso cabeça-dura, pois eu me obrigava a realizar o que queria, sem dar importância a outras opiniões.

Portanto, essa força e coragem eu pretendo transmitir a você! Ou melhor, resgatar em você! Resgatar, sim, pois acredito que todos são corajosos ao se apaixonar pelo processo em que se envolvem.

Calma! Eu explico. Falar de coragem é falar exatamente disto: apaixonar-se pelo caminho que decidiu trilhar. Observe meu exemplo ao escolher ser um jogador de futebol profissional que, mesmo amando jogar bola – por ser apaixonado pelo futebol e, naturalmente, escolher ter minha paixão como carreira profissional –, viu-se impossibilitado de continuar nesse caminho. Porém, enquanto buscava esse objetivo, eu insisti, corri atrás, persegui o meu sonho e cheguei muito perto de realizá-lo, e jamais desisti no meio do caminho. Consegue entender a diferença entre impossibilidade e desistência? É ela que transforma uma pessoa em alguém corajoso.

Coragem é tentar, tentar e tentar. Depois, insistir, insistir e insistir. Então, mudar a estratégia, reprogramar rotas e insistir mais uma vez. Até, finalmente, conseguir alcançar o que se deseja.

Agora, como seria possível passar por tanta coisa sem ser apaixonado por aquilo que se propôs a fazer? Para mim, isso não existe. Ou se apaixona pelo processo ou não há coragem de vencer. Em outras palavras, as duas coisas precisam estar alinhadas: ser apaixonado por aquilo que luta para alcançar e, portanto, ter coragem para alcançá-la. É assim que se adquire coragem.

Então responda com toda a sinceridade: você tem coragem para seguir em frente e se tornar um empreendedor de sucesso?

Se eu pudesse dar
um conselho a
um jovem, seria:
APRENDA!
A um adulto:
APRENDA!
A um idoso:
APRENDA MAIS
RÁPIDO!

#AprendaComOsErros

Não há nada mais engrandecedor e encorajador do que aprender com os próprios erros. *Na prática, é fazer "uma limonada com os limões que a vida nos oferece".* Todos somos seres humanos e, à medida que continuamos existindo, colecionamos erros e mais erros. Como imagino que ninguém esteja planejando viver pouco, nessa jornada é fundamental aprender com os erros para se destacar entre as demais pessoas.

Persistir nos seus sonhos é conquistar o respeito do outro. Essa lição eu aprendi na prática, antes de ser médico. Os desafios e as dificuldades nos fazem crescer, mas a confiança em si mesmo, gerada com base na credibilidade das pessoas que nos rodeiam, nos anima a perseguir um sonho.

O processo requer atenção redobrada, pois será preciso aprender com tudo o que vai acontecer ao longo do caminho que você decidiu trilhar. A verdade é que as pessoas dispostas a fazer algo novo estão expostas ao erro e, obviamente, cometem erros, afinal, isso acontece porque nunca fizeram o que estão fazendo. A conclusão é bastante evidente, mas, em determinado momento, você se esquecerá disso e perderá a confiança em si mesmo.

Portanto, esteja pronto para errar e não desanime ao esbarrar no primeiro deslize ou passo em falso. Aprenda com o seu erro e com o erro dos que estão ao seu redor, pois isso o transformará em vencedor.

Se desistir no primeiro erro – como muitos fazem – você entra para a lista dos pessimistas vagabundos. Todo pessimista é vagabundo! Essa é a mais pura verdade. O que eu quero dizer é que os pessimistas são pessoas que desistem antes mesmo de tentar, porque acreditam tão piamente no fracasso, que não se dispõem a tentar mudar o rumo de sua vida agindo contra o fracasso, e isso depõe contra eles. Então pense: você é pessimista?

Espero que a resposta seja não. Porém, caso se considere um pessimista, tente mudar seu ponto de vista, ao responder a estas perguntas:

1. Eu estou feliz onde estou?
2. Por que não mudo o que não gosto?
3. O que falta para realizar os meus sonhos?
4. O que impede de eu ser melhor?

Seja sincero. A linha que separa um pessimista de alguém habituado a se sentir confortável – mesmo estando infeliz – é muito sutil. É fundamental entender o que os separa para, assim, dar o primeiro passo rumo à sua coragem. Para isso, é preciso abrir mão de todas as desculpas e estar preparado para reprogramar o pensamento. É possível mudar a situação atual para melhor, somente se isso for uma prioridade na sua vida.

Abandone a preguiça e a falta de tempo e abra espaço para um novo planejamento. Então, esqueça, de uma vez por todas, a frase "**eu não consigo!**". Todas as pessoas conseguem realizar o que planejam se aquilo que planejam for de fato verdadeiro. E, desculpe-me, mas nesse ponto sou radical: se você quer, você consegue, você arranja tempo e você aprende a fazer. Não há espaço para o pessimismo quando o seu desejo é verdadeiro.

Por esse único motivo, preciso que seja sincero e esteja disposto a aprender com os seus erros. Afinal, todos erram. Está pronto para tudo isso? Para se mexer? Para se apaixonar pelo processo?

Quando depender de você for um problema, temos um problema.

Enfim, o resto da história, você já sabe. Passei no vestibular e conquistei a confiança das pessoas que torciam contra mim. Eu fui lá e fiz. Fiz direito.

Eu começava a entender o poder que existe no #FazDireitoPorra. Logo você também vai entender mais sobre o que está por trás disso tudo.

Assim trilhei meu caminho e me tornei médico cardiologista!

E?

Os perdedores fazem promessas que costumam não cumprir.

Os vencedores assumem compromissos que sempre cumprem.

Capítulo 3
Nem tudo é o que parece ser

#RealidadeNãoÉSonho

Você se lembra do fato de que eu não queria ser qualquer médico, não é? Pois é! Se havia algo que eu poderia fazer para facilitar na graduação, seria transformar o meu sonho e me adaptar à medicina que encontrei na sala de aula. Mas eu não estava disposto a mudar o meu sonho. Eu o segui à risca: cursei a graduação, estudei muito para ser o melhor que pudesse.

Não foi difícil passar em cardiologia na residência e, muito menos, complicado ao continuar com minha especialização. Então, só faltava eu começar a pôr a mão na massa e encarar o mercado de trabalho. *Para bom entendedor, meia palavra basta.*

Enfim, para não me prolongar demais nessa história – visto que este não é o foco do livro –, resumo aqui o que parece ser óbvio: a medicina que encontrei na prática não chegava nem aos pés da medicina que idealizei. Embora isso pareça uma surpresa, é claro que não foi, pois bastou juntar um ponto ao outro para entender que, por uma questão de circunstâncias, épocas e pensamentos diferentes, eu jamais poderia encontrar a medicina do mesmo jeito que o meu tio fazia – aquela idealizada por mim.

Assim, eu estava diante de dois problemas:

1. Estar feliz por ter realizado um sonho.
2. Estar triste por ter idealizado um sonho.

Se não analisar com calma as duas situações, certamente vai afirmar que a primeira situação está longe de ser um problema. Afinal, como uma pessoa feliz por realizar um sonho poderia dizer que tem um problema? Pois é justamente a segunda situação que transforma a primeira em um problema.

Tente se imaginar no meu lugar ou, melhor do que isso, busque em sua memória algo semelhante à minha história. Com certeza, deve haver algum sonho que tenha idealizado, mas descobriu ser uma realidade completamente oposta àquela imaginada.

Escreva aqui qual foi a situação para se livrar de uma vez por todas desse peso.

Eu fiquei cego diante de um mundo ideal, mas, pior do que isso, eu envolvi na minha cegueira as pessoas que amo. Então, pude enxergar o problema ao realizar um sonho, ao estar feliz por ter conseguido me formar. Sem dúvida, não posso ser hipócrita ao afirmar que a conquista da medicina não me deixou feliz – eu estava feliz –, porém estava triste por ter idealizado demais.

O fato era que, se eu não conseguisse me tornar médico como o meu tio foi, jamais seria um médico feliz. E admitir isso era uma tremenda de uma bomba para eu e minha família assumirmos.

O que eu fiz? Como sou o Fabiano, que sabe bem o que quer, não tem medo de assumir riscos e, muito menos, de encarar seus medos, aceitei logo de cara que ser médico nas condições que encontrei não era minha real vontade. Então, foi bem fácil jogar tudo para o alto e apenas comunicar minha decisão à família.

Se você pensou isso tudo, está redondamente errado! Eu simplesmente disse a mim mesmo:

"Fabiano, é isso aí! A medicina de hoje é essa e você tem de aceitar e seguir com a vida. Você quer se casar e constituir uma família, então, encare a sua profissão. Trate de ser o melhor, para ganhar dinheiro e ter uma vida boa!"

Não discuta
com quem
está
decidido
a não
entendê-lo.

Capítulo 4
Decepção pessoal, realização financeira

#CoragemÉParaCorajosos

A minha decisão de ser o médico que o meu tio sempre foi inspirou-me a superar limites que jamais imaginei ser capaz de enfrentar – começando pela decisão de estudar medicina. O fato de ter realizado o sonho de ser um jogador de futebol profissional, mas não ter conseguido ser o que eu queria plenamente, deixou-me mais corajoso e fortaleceu o meu desejo de vencer sem importar o que eu decidisse ser. Era uma questão de seguir em frente vencendo. *E eu venceria.*

A partir disso, eu consegui convencer todos à minha volta sobre quão válido era o meu sonho e quanto eu estava disposto a me sacrificar para conseguir alcançá-lo. Assim, fui aprovado em medicina, concluí a graduação, fiz residência em cardiologia e me especializei mais. Então, estava pronto para encarar o mercado de trabalho, ter uma bela carreira, ser reconhecido e poder recompensar todos que acreditaram em mim.

Era essa a mensagem transmitida por meio da minha luta pela realização do meu sonho. Assim, a frustração por não ser como o meu tio pareceu ser menor do que a possível – eu disse possível – frustração que causaria nas pessoas que confiaram em mim. No entanto, sem considerar o fato de que a cada tentativa de não decepcionar as outras pessoas, eu decepcionava a mim mesmo, resolvi continuar praticando a medicina. Minha vida estava dedicada inteiramente a ela e, é claro, foi possível atingir a tão sonhada e esperada realização financeira.

Eu tinha cada vez mais o dinheiro e, com isso, mais e mais trabalho. Em determinado momento, comecei a observar o que faltava eu conquistar e, assim, calcular quanto tempo de trabalho eu deveria cumprir, além do regular, para poder adquirir mais e mais bens materiais.

Durante muitos anos, eu trabalhei duro por amor ao dinheiro e não por amor à medicina. E como os meus amigos viviam a mesma situação que eu, demorei a perceber o problema daquele comportamento. Na verdade, eu nunca teria percebido que estava tudo errado se, mais uma vez, a vida não tivesse me pregado uma peça e aparecido com uma surpresa que me causou um choque imenso. No entanto, a alegria para a qual ela me despertou não tem preço.

Você não tem o direito de negligenciar uma vida porque precisa dessa oportunidade.

PARTE 2
TRAJETÓRIA

Eu não decidi largar a medicina da noite para o dia, mas também não fiz tudo perfeitamente planejado. Eu sequer tinha consciência de que sabia o lugar aonde chegaria. Ser quem eu sou hoje? Jamais imaginei que seria capaz de alcançar esse sonho. E, mais do que isso, vivia pensando que as pessoas que vivem dessa forma eram loucas, ou não existiam.

Eu julgava as pessoas que acreditavam nos sonhos e corriam atrás deles. O doutor Fabiano de dez anos atrás era capaz de apontar o dedo para quem ousasse buscar um sonho. Tentar mudar de vida era algo que jamais passaria pela cabeça daquele Fabiano. Afinal, ele era feliz com a vida que tinha – embora vivesse para o trabalho. Mas, mais do que isso, eu entedia que tinha de buscar melhorar minha vida como médico, sem jamais deixar de ser o que era: viver em nome do trabalho.

Minha família acreditava em mim, e o meu trabalho era base de boa parte do que planejávamos construir. Jogar tudo para o alto não era sequer uma opção para os planos que eu tinha em mente.

Esse era o Fabiano, médico, cardiologista e marido. Era feliz? Tinha coragem? Vivia bem com a família? Era um bom médico?

A resposta a todas essas perguntas é sim.

No entanto, a qualidade desse sim deixava aquele Fabiano intrigado. E por causa dessa inquietação, causada por um desconfortável e discreto sim, a transformação do Fabiano de antes no Fabiano de agora foi alavancada.

Pare de pensar
e comece a agir:
a vida não é um
vestibular de
medicina para o
qual você precisa
ficar estudando.

Capítulo 1
Perder dói, mas é muito importante

Ao contrário do que todo mundo pensa, minha vida de médico trazia felicidade, sim. É claro que, como vimos nos outros capítulos, eu não havia encontrado a medicina idealizada por mim ao longo da minha vida: aquela praticada pelo meu tio. *Aquilo, sim, me matava.* Mas a minha vida em si não apresentava nenhum elemento capaz de fazer desaparecer a minha vontade de ser médico ou motivar o abandono da minha zona de conforto. Afinal de contas, ser médico no Brasil é ser respeitado profissionalmente, pessoalmente e, ainda, ser bem remunerado por isso.

Definitivamente, eu não tinha motivos para reclamar. Aliás, eu nem podia reclamar, pois tinha "tudo". Porém, quanto mais eu alcançava "tudo", mais de "tudo" um pouco eu queria alcançar. Por isso, mais eu trabalhava, mais horas eu passava dentro de um hospital e mais eu me conformava com que a medicina ideal não passava de um sonho mesmo. Durante esse período, cheguei a trabalhar 86 horas por semana. Eu tinha de lidar com a minha realidade e continuar buscando uma vida cada vez melhor.

Além disso, todos com quem eu convivia tinham o mesmo pensamento e o mesmo perfil que o meu. Esse cenário é comum de acontecer. Com o passar do tempo, somos cercados por pessoas semelhantes a nós. É por isso que eu, em razão de algumas situações e escolhas, vivia rodeado por médicos. Meus amigos eram médicos, minhas referências eram médicos, enfim, todo o meu ciclo de amizades e de contatos profissionais era formado por médicos.

Naturalmente, todos estávamos na mesma. Havia um desconforto causado por certas dificuldades da profissão, mas tudo era recompensado pelos benefícios e pelo retorno material que tínhamos. E, ainda, é bastante cômodo manter-se na zona de conforto: não há riscos nem perdas. Afinal, quanto mais houver gente encostada e feliz com a zona de conforto em nosso cotidiano, mais nos conformamos e aceitamos os "confortos desconfortáveis" que a vida nos oferece.

Esse raciocínio pode parecer um pouco sem lógica, mas com certeza você já passou – ou passa – por algo semelhante. Ter uma vida confortável, ainda que nem tudo seja agradável, pode nos tornar pessoas conformadas com nossas escolhas. Não há nada de novo nisso, mas também não há nada de novo em se contentar com isso, ou se negar a mudar de situação. Muitas vezes, não nos damos conta de que não estamos bem, pois vivemos em modo automático. Além disso, estamos cercados de pessoas cuja sintonia é a mesma que a nossa. É natural que seja assim.

Até que, finalmente, há um resgate dessa zona de conforto. De um modo ou de outro, a vida sempre dá chacoalhões em todo mundo, às vezes grandes, às vezes pequenos, mas o que o torna diferente do restante do mundo é a importância que você dá a esses chacoalhões. Por isso, é preciso estar atento. Caso contrário, eles passam despercebidos e você permanece no mesmo ritmo de antes.

Quando recebi esse despertar da vida, poderia ter sido imperceptível aos meus olhos. No entanto, a tristeza e o choque que senti diante de um acontecimento fizeram com que eu parasse para olhar para dentro.

Em determinado ponto da linha em que "tudo corria muito bem, obrigado", o destino me pregou uma tremenda peça: um dos meus colegas de trabalho morreu de repente. Infarto fulminante. Não houve sequer tempo de socorrê-lo. Aquele momento, com certeza, foi a grande e velha ironia da profissão: cuida-se do outro e se esquece de cuidar de si mesmo.

Assim como eu, esse colega era um médico que vivia no automático e, embora não se sentisse inteiramente feliz com a medicina, sabia que ela lhe oferecia uma vida boa. Provavelmente pensava que, quanto mais trabalhasse, melhor seria sua vida, com mais conforto, mais bens e mais *status*. Então, trabalhava e trabalhava...

Meu colega de trabalho tinha uma meta de vida que consistia em se tornar milionário aos 40 anos. Ele morreu aos 30. Seu comportamento não era diferente do de quase ninguém, e eu me identificava com ele, pois estava seguindo o mesmo caminho.

A ideia era trabalhar mais horas para oferecer mais conforto à minha família. Porém, consequentemente, passava mais tempo longe de casa. A conta não fecha, no entanto convence e até causa certa admiração em algumas pessoas. Causa nobre.

Mas será que a vida é apenas isso? Não que trabalhar não seja importante; entretanto, a decisão de estar menos tempo com a família para trabalhar pode, sim, não ser a melhor escolha. E a morte desse colega fez que eu parasse para questionar minhas atitudes: o que estava fazendo com a minha vida? O que eu estava fazendo com a vida da minha família? Quais eram as coisas mais importantes para mim? Qual era a qualidade da minha vida? Qual é o valor do dinheiro? Eu estava mesmo próximo das pessoas que amava?

Naquele momento, minha zona de conforto começou a ser incômoda. Em outras palavras, eu não estava mais confortável naquela minha confortável vida de médico.

Você pode comprar um carro bom, uma casa boa e ter tudo o que quiser, mas, antes, precisa tirar da cabeça que, para ter tudo isso, é necessário ser especial, talentoso ou único.

Capítulo 2
Planejamento ou jogar tudo para o alto: o que fazer?

Eu não sou o homem que mudou de vida de repente. E, como você já sabe, por causa da minha vida bastante confortável, eu fazia o que queria. Construí o que planejei e em nenhum momento da minha vida precisei recomeçar alguma coisa. *Nunca.*

Portanto, se continua procurando por uma história de alguém que venceu na vida porque passou por uma grande dificuldade, eu o aconselho mudar de livro. *Sério!*

Mesmo com aquele estilo de vida, eu não sentia que estava completamente feliz, pois sempre enxergava a grama mais verde do vizinho. Essa sensação incluía os mais variados aspectos, como o trabalho, o dinheiro, as viagens, a família, o tempo livre, as conquistas e a casa. Enfim, eu olhava para dentro de mim e sentia que algo não estava indo da maneira como eu gostaria que fosse, ainda que estivesse indo bem.

Então, com a morte repentina do meu colega, pude entender que algo – ou melhor, tudo – precisava mudar. Por isso, a mudança tinha de começar por mim, pelas minhas escolhas e pela minha trajetória. Afinal, eu não podia acabar como o meu colega – foi isso que eu coloquei na minha cabeça.

Talvez você não tenha passado por algo tão chocante – nem desejo ou acho necessário –, mas é fundamental estar atento aos sinais do universo, pois ele não costuma falhar. Alguma vez já parou para ponderar o que, de fato, importa em sua vida? O peso e a importância depositados em seu tempo trabalhando é o mesmo que você coloca em seu tempo livre?

Muitas vezes, não se permite ou se considera o real significado e relevância das coisas. A vida acontece nas pequenas atitudes, nos detalhes e nos mais delicados gestos. Portanto, quanto mais tempo você se dedicar apenas a ganhar, ganhar e ganhar dinheiro, menos tempo vai aproveitar a vida.

Volto a repetir que não significa que o trabalho não seja importante e, muito menos, que você deva abandonar o desejo de ganhar dinheiro. No entanto, é preciso entender que a vida não se constrói apenas com base nisso. A vida é muito mais que isso. Então, é exatamente por essa razão que é preciso ter coragem para assumir, para si mesmo e o resto do mundo, a necessidade de dedicar sua vida a uma atividade que lhe dê mais prazer, mais renda e consuma menos do seu tempo.

Foi assim que eu mudei. Comecei a fazer tudo diferente e cheguei até aqui. Com certeza, se tivesse sido fácil, eu não estaria escrevendo este livro.

Assim, antes de começar qualquer coisa, tive de aceitar que tinha de mudar. Somente quando aceitei que precisava mudar é que minha transformação começou. Saber que não queria acabar como o meu colega era apenas o passo zero, ponto inicial, espécie de alavanca das coisas que eu ainda tinha por fazer.

Portanto, assumir a mudança de vida é o primeiro passo para dar força à sua coragem.

A curiosidade
gera mais informação.
Busque ser mais
informado para poder
impactar mais vidas.

Seja curioso!

Capítulo 3
Como sair da zona de conforto sem deixar de ter conforto

Na verdade, se existe algo confortável neste mundo é aceitar tudo o que acontece ao redor e ser feliz com o que tem e conquistou. Há demasiada comodidade em aceitar que a vida pode não estar bem, mas também não estar tão mal assim. O fato é que todo mundo sempre tem uma grande justificativa para permanecer aguentando um chefe sem noção, um trabalho sem sentido e uma carreira estressante. Todo mundo tem.

Quer descobrir as suas justificativas? Então, separe cinco minutos do seu tempo e se proponha a listar os motivos que o prendem à sua zona de conforto.

1. ....

2.

3.

4.

5.

É importante ser justo e sincero consigo e abrir a mente para perceber o que impede sua movimentação e prende a sua existência em um lugar que não preenche a sua vida com satisfação e alegria. Não minta, pois somente o autoconhecimento poderá gerar a transformação que você procura. Portanto, assumir os seus medos e anseios é um ato de coragem. Seja bravo!

Antes de iniciar minha mudança, eu também tinha

uma lista como essa – não sou diferente de ninguém –, até acontecer a morte do meu colega. De um jeito ou de outro, foi preciso uma imensa tristeza para perceber que a afirmativa "a vida não vai bem" tornou-se maior e mais significativa que "mas não está tão mal assim". *A parte boa é que você não precisa dessa experiência tão difícil para poder acordar e mudar de vida.*

Eu estava buscando uma mudança, porém não tinha disposição de abrir mão de nenhum conforto nem de nenhuma segurança que a medicina proporcionava para mim. Como fazer, então?

Dessa maneira, não bastava reduzir o número de plantões e a minha carga de trabalho, era necessário encontrar algo mais motivador do que a medicina, mas cujo retorno fosse igual ou, se possível, melhor.

Para isso, fui obrigado a encontrar caminhos para um mundo de autoconhecimento. De um lado, não era feliz com aquela medicina, mas, de outro, não tinha a menor ideia do que fazer exceto ser médico. Não estava nada fácil começar a mudança e eu precisava me encontrar e me mexer o quanto antes. *Era tudo para ontem!*

Logo, eu comecei a me mexer, antes mesmo de saber o que queria. Eu sabia aonde queria chegar? Não, certamente não sabia! Eu não fazia ideia nem imaginava qual seria o caminho. Mas a minha única opção era não ficar parado. Não há nada de bonito ou de poético nesse movimento, porém só havia essa opção. *Por favor, não romantize essa parte da minha vida.*

Eu não estava na lama, mas também não estava feliz. E, para ser prático, conseguir mudar dependia de mim e do meu movimento. E foi o que eu fiz e é o que você vai fazer de agora em diante. Não fique parado em hipótese alguma. Encontre alternativas e permita que a mudança que você busca aconteça.

Abra a sua mente e permita-se conhecer as coisas que o mundo tem a oferecer. Liberte-se de preconceitos e esteja disposto a ouvir e a aprender com os outros. Não fique parado! Corra atrás de mudanças mesmo sem saber o que pretende ser, foque na mudança e concentre sua energia nesse desejo, para que o universo se encarregue de, aos poucos, abrir o mundo de opções pelas quais pode se apaixonar e, enfim, mudar o seu destino.

O meu movimento começou da maneira mais simples e fácil possível. Assim, comecei a escancarar para quem quisesse ouvir que eu queria mudar de vida, como quem joga conversa fora. Isso já é movimento, já é se mexer. Quando mostra desejo por mudança, a roda das oportunidades começa a funcionar.

No primeiro momento, pesquisei uma gama de possibilidades para empreender na medicina. Primeiro, explorei-as sozinho. Depois, compartilhei as ideias com alguns colegas. Não encontrei nada nem ninguém que estivesse disposto a empreender, por isso ampliei a minha busca. Redirecionei meu discurso a mais pessoas, a fim de encontrar indivíduos com a mesma sintonia que a minha, com vontade de voar e de mudar o destino de suas vidas.

Mas também não encontrei ninguém.

Então, eu parti, sozinho, rumo às franquias. Eu tinha algum dinheiro para investir, bastava encarar a abertura de um negócio que não tivesse tanto risco. Para isso, fiz visitas a feiras, eventos de franquias, empreendedores – a lista é imensa. Quase cheguei a cogitar fechar negócio com uma franquia de sanduíches. *Não fosse por cinco minutos de reflexão, teria aberto o negócio.*

No entanto, pensei: qual é a minha experiência com a venda de sanduíches? Nenhuma. Logo, não haveria vantagem em trocar o hospital por horas e horas atrás de um balcão. Ainda, soma-se a isso tudo a conta do retorno financeiro, pois demoraria cerca de um ou dois anos para eu recuperar o investimento. *Não valia a pena.*

Assim, continuei minha jornada conversando e compartilhando ideias mirabolantes de mudanças com as pessoas que conhecia, até que consegui convencer os meus irmãos a se mexerem comigo. Mas, ao contrário de mim, eles não estavam dispostos a mudar ou a abandonar a advocacia. Ambos pretendiam acompanhar minhas ideias e, talvez, investir algum valor em uma *startup*. Eu, finalmente, havia encontrado companhia para trilhar uma rota ou, ao menos, buscar novas possibilidades.

Portanto, para dar certo, é essencial que exista o compartilhamento de ideias e desejos com as pessoas do seu cotidiano, pois, ao contrário do que muitos pensam, essas trocas podem transformar a nossa vida positivamente. A velha máxima de que duas cabeças pensam melhor do que uma mostra-se bastante verdadeira e, portanto, nos possibilita aprender com os tropeços do outro. No meu caso, por exemplo, isso se aplicou da melhor maneira possível: começamos acertando antes mesmo de errar. *Se isso não for bom, eu não sei o que é!*

Depois de tomar a decisão de onde iríamos investir, eu comecei a frequentar, na companhia dos meus irmãos, um espaço focado em acelerar *startups* e aplicativos ou qualquer coisa relacionada à tecnologia. O lugar era maravilhoso, mas eu definitivamente não estava preparado para aquilo. Afinal, não estava nos meus planos ficar fechado num lugar, tentando pensar em uma ideia brilhante.

O modo como percebi que aquele acelerador de *startups* não era para mim é bastante engraçado. Como disse, eu não abandonei a medicina logo de cara, porém conciliei a minha busca e o meu tempo livre. Então, em geral, aos sábados – destinados a encontrar maneiras de me mover para mudar minha vida – eu passava uma parte do dia naquele lugar. Só que, enquanto estava lá, ficava pensando em jogar bola, em estar com os meus amigos ou com a minha esposa. Até que, um dia, incomodado com essa sensação de estar num lugar onde não desejava ficar, decidi perguntar a uma menina se ela gostava dali. Ela me respondeu, com brilho nos olhos: "eu sou apaixonada por este lugar, amo estar aqui e amo tecnologia!".

Na mesma hora, eu fui embora, porque detestava estar ali. No entanto, esse acontecimento revelou um novo conhecimento para mim, pois percebi que, para conseguir mudar e, com isso, redefinir o meu presente e futuro, era preciso haver paixão pelo processo da mudança e pelo que pretendia seguir. Então, como seria possível permanecer com aquela ideia se eu odiava perder o sábado naquele lugar? Eu não podia mais.

Assim, meus irmãos também abandonaram a ideia e decidiram continuar o trabalho com a advocacia e eu segui procurando alguém com a mesma sintonia que a minha. Para isso, reorganizei o meu tempo livre para estudar e também correr atrás de novas possibilidades.

Apesar de todo esse caminho, eu ainda achava que a ideia de franquias era a melhor opção. Foi quando um amigo me apresentou a internet e o *marketing* de relacionamento.

Enfim, a minha verdadeira história começa aqui! *Sim. Isso significa que o livro está apenas começando.* E que você vai conhecer o movimento da minha vida a partir de agora.

Quando você quer dar certo, não existe falta de tempo que o impeça. Então, faça dar certo!

Capítulo 4
O tempo é precioso!

As pessoas que me conhecem, com certeza, estranharam meu comportamento diante da história que comecei a contar no capítulo anterior. Vou entender caso estejam admirados com o fato de eu ter prestado atenção aos assuntos relacionados a vendas e *marketing* de relacionamento. De fato, elas têm razão, pois jamais teria endossado o discurso de uma pessoa que tentasse vender para mim a ideia de ganhar dinheiro com vendas, ficar rico da noite para o dia, e nunca acreditaria no sucesso que há por trás disso.

Meu pensamento acerca de um vendedor se resumia ao estereótipo de alguém que tenta empurrar qualquer produto ou serviço para algum cliente apenas para bater uma meta. Sendo assim, essa pessoa não poderia ser a salvação para mim. Eu não acreditava nas vendas e, portanto, não tinha cogitado a possibilidade de buscar saber sobre o verdadeiro mundo das vendas e do *marketing* de relacionamento presente na internet.

Mas, a sorte bate na porta de quem está em movimento e, felizmente, eu estava em movimento. Perceba que fiz referência àquele Fabiano do passado cujo pensamento estava ligado às crenças limitantes consolidadas na mente. Eu não acreditava no poder da internet. *Isso é um fato!*

Então, como fui escutar a conversa do meu amigo? Como você já sabe, eu estava em movimento numa busca determinada por mudança, para poder deixar a medicina. E, por causa desse movimento, minha postura para a vida era bastante atenta, com os ouvidos bem alertas para as novas oportunidades que viessem ao meu encontro.

Eu podia até não acreditar na internet e achar que o comércio eletrônico era lenda, mas foi necessário ouvir o meu amigo única e exclusivamente porque eu estava disposto a mudar. Desse modo, pude permitir que velhos preconceitos fossem embora.

Assim como eu, você também está disposto a mudar? Reserve um momento de seu tempo e pense a respeito dessa pergunta. Se julgar necessário, faça uma lista com os pontos que deseja mudar.

1. ....

....

....

2. ....

....

....

3.

4.

5.

Na época, eu também refleti sobre os pontos que queria mudar e sabia exatamente quais eram. Além disso, tinha consciência daquilo que eu não queria ter na minha vida e na minha rotina. Logo, ouvir o que a internet oferecia naquele momento era a coisa mais inteligente a se fazer. Prestei atenção no que diziam os vendedores, mesmo achando-os fracassados demais por ter de vender produtos dos outros para se manter.

Eu não fazia ideia, mas a minha vida mudaria para sempre depois daquele evento. Eu ouvi, com atenção e respeito, os caminhos trilhados pelo meu amigo e comecei a acreditar em *marketing* de relacionamento. Obviamente, não foi da noite para o dia, porém ao considerar o que meu amigo disse, levei o tempo necessário até conhecer o significado de *marketing* de relacionamento.

E você sabe exatamente o que é? Para ser sincero, eu sequer imaginava. Meu conceito de *marketing* de relacionamento era formado por ideias preconceituosas e predefinidas na minha mente, em que qualquer pessoa que largasse a profissão para começar a trabalhar com vendas era fracassado ou estava muito necessitado. Para completar o pacote de verdades absolutas, eu não acreditava no meu poder de venda. Afinal, sou extremamente tímido e fechado e, naquela época, meu círculo de amizades era bem restrito. O que eu pensava era que jamais conseguiria vender alguma coisa para qualquer amigo meu. Então, sentia-me impossibilitado de entrar nessa.

No entanto, ao entrar em contato com as ideias do meu amigo, percebi o quanto estava enganado com relação a tudo – a começar pela venda. Somente com base naquela conversa, pude entender que todos são vendedores. E comigo não era diferente, pois, como cardiologista, ao entregar um cartão de visita para alguém constando as minhas especialidades, endereço e telefone, estava, na verdade, vendendo um serviço, da mesma maneira que meu amigo vendia o energético. Ao entender e internalizar aquilo, pude me sentir como vendedor.

Depois, compreendi que não deveria mesmo vender nada para os meus amigos, afinal, como médico, não podia contar com vendas exclusivamente de amigos – pois a maioria deles era da área médica –, e, com o *marketing* de relacionamentos, isso não era diferente.

Foi assim, ao quebrar os paradigmas e perceber que o

marketing de relacionamentos e a venda direta exigiriam pouco investimento de dinheiro e tempo – pelo menos no início –, que embarquei no mundo novo e maravilhoso que transformou a minha vida para sempre.

Um foda-se bem dado é melhor que o oxigênio respirado!

PARTE 3
REALIZAÇÃO

O que é realização para você? Se ainda não parou para pensar a respeito desse assunto, chegou o momento de encarar a tão sonhada – e, muitas vezes, tão distante – realização. É fundamental que saiba exatamente o que é realização para você. Dessa maneira, penso que deva encontrar o seu significado de realização, porque é um conceito que diz respeito a você e a mais ninguém.

É importante assumir quais são os seus desejos, definir os seus sonhos e encontrar o que é a realização para, somente a partir daí, sair em busca dela.

É fato que, para as pessoas que me acompanham há algum tempo e, até mesmo, para quem estabeleceu o primeiro contato comigo por meio deste livro, parece óbvio dizer que realização, para mim, foi me aposentar, antes dos 40 anos, daquela medicina que não me trazia satisfação. Mas o que mais me coloca em movimento? O que me faz continuar seguindo o caminho que tracei?

Entender o que é a realização é apenas o primeiro passo a ser dado. O que vem depois da realização – e, talvez, o que ninguém revelou até agora – são as coisas que o mantêm vivo, com vontade de continuar realizando e alcançando novos objetivos ou, simplesmente, realizando-se em sua conquista.

Assim, você sabe responder se está preparado para descobrir o que está por vir? Espero que a resposta seja positiva, pois o que está por vir pode impactar sua vida de uma vez por todas. No entanto, para que isso aconteça preciso que você esteja atento e disposto a compreender o assunto a seguir e, então, aplicar o conteúdo em sua vida.

Caso ainda não saiba – ou não tenha entendido – o valor da realização, reserve um tempo para pensar sobre isso. Abandone o medo e deixe a vergonha de lado e procure definir o que é realização para você. Porém, mais do que isso, pense em como gostaria de se sentir quando estiver realizado.

Lembre-se de que é preciso ter em mente que a realização não deve, necessariamente, estar relacionada a questões financeiras. Realização pode ser o que você quiser de acordo com o planejamento da sua vida. Enfim, entender o que você quer e assumir seus desejos são os passos mais importantes para conseguir conquistar seu sonho.

Entenda o que é realização e assuma o que você quer. Mexa-se!

Capítulo 1
Médico aposentado e realizado!

As pessoas que entram em contato com a minha história devem imaginar que eu era um médico recém-formado, assustado com a pressão e sem coragem para encarar os desafios da profissão. Com certeza, devem achar que fui garoto mimado que sempre teve todas as coisas que desejou, mas não conseguiu ter sucesso na carreira de médico. No entanto, com um pouco mais de dedicação e vontade, é possível entender que a minha história não é bem essa. Ao contrário disso, resisti muito tempo até assimilar que ser um médico aposentado era meu caminho para a realização pessoal, profissional e financeira.

Assim, justamente por achar que fazia parte do grupo das pessoas que "reclamam de barriga cheia", custei a entender que poderia mudar o fato de não estar satisfeito e feliz com a medicina que eu havia vivenciado. Então, ao tomar consciência de que não estava errado ou era culpado pela situação, as coisas começaram a se movimentar e, somente a partir daí, tomaram forma de mudança.

É preciso ter coragem para seguir os nossos sonhos, e decidir transformar a minha atuação na medicina exigiu bastante. Mas apenas com coragem e parceria, principalmente da minha esposa, consegui encontrar possibilidades que eu nem imaginava que existissem. Foi assim que o **empreendedorismo** chegou à minha vida.

A verdade é que havia uma sensação de que, não importava o que eu fizesse, jamais veria a minha vida transformada – para melhor ou para pior. E isso me causava demasiado incômodo. Além disso, com a medicina acontecia o mesmo: qualquer coisa que eu decidisse fazer acabaria me levando a trabalhar duro demais e a dedicar mais minha vida, para ter um retorno e uma compensação escassos perto de toda a minha dedicação. A ideia de ser sempre o mesmo – o médico bem-sucedido, mas infeliz – era desesperadora.

Devido a esse incômodo, comecei o movimento de buscar outras oportunidades – e essa parte da história você conhece. Primeiro, busquei o ramo das franquias para investir, bastava escolher um setor em que pudesse trabalhar e, assim, ser dono do próprio negócio. No entanto, de cara, percebi que isso não era para mim, pois seria refém da minha liberdade. Eu não queria isso. Eu queria mais.

Continuei o movimento de buscar novas oportunidades. E, se a internet provocava encanto ao mostrar um mundo de novas possibilidades, a venda eletrônica ainda gerava certo preconceito. Para que, afinal, começar a vender um produto se você está financeiramente bem? Para mim, isso era coisa de pessoa quebrada.

Continuei com a movimentação e, mais do que isso, permitir que coisas novas chegassem a mim. Uma dessas coisas novas foi o *marketing* de relacionamento.

Certo dia, um amigo foi até mim querendo apresentar o trabalho que estava realizando com vendas. A primeira coisa que pensei foi que meu amigo havia falido e, por isso, queria vender produtos para sobreviver. Porém, enganei-me duplamente, afinal, meu amigo não só não estava falido, como não queria vender nada. Na verdade, ele queria apresentar o empreendedorismo. Lembro-me muito bem desse dia, pois estava diante de um novo mundo e de uma nova possibilidade, até então desconhecidos para mim.

Naquele momento, as coisas começaram a tomar forma durante minha fase de transição para a tão sonhada realização. Se de um lado as franquias se mostravam cada vez mais obscuras e mais distantes dos meus objetivos, as vendas apresentaram a alternativa mais viável, mais simples e mais acessível.

Apesar disso, eu tive medo, porque eu não tinha perfil para fazer nada que se aproximasse daquilo. Como poderia vender algo? Para quem e a que horas?

Enfim, o medo e a vontade de mudar eram os dois elementos que eu tinha em mãos.

Ninguém tem perfil para fazer algo que nunca fez!

A minha primeira descoberta foi que não havia como ter perfil para fazer alguma coisa que eu sequer tinha tentado. Hoje em dia, vejo como ela foi transformada em ensinamento. Parece até um pouco óbvio, mas, muitas vezes, isso é esquecido. De fato, a falta de perfil para trabalhar com vendas existia mesmo por eu nunca ter trabalhado com isso.

No entanto, esse ponto não era tão evidente, e talvez por isso eu tenha encarado os meus medos todos de uma só vez. A vontade de estar longe daquela medicina desumana chegou a um estágio tão elevado que a coragem de agarrar as novas possibilidades que apareciam se tornou maior do que qualquer medo. Porém, isso não quer dizer que eu me realizei instantaneamente.

Em primeiro lugar, porque decidi focar as minhas energias no mundo empreendedor, ao encaixar uma segunda atividade paralelamente à medicina. Essa situação permaneceu durante cerca de três anos, em que conciliei com as vendas as 86 horas de trabalho semanais como médico. Isso significa que passei a usar o meu tempo livre – que incluía abrir mão dos fins de semana – para me dedicar à profissão que se tornaria a minha principal fonte de renda. *Eu tenho muito a agradecer à minha esposa pela parceria e pelo apoio incondicionais de sempre.*

Então, mais uma vez o mundo preparava uma grande lição para mim: fazer coisas de que eu não gostava e que eu não conhecia para mudar e conquistar os meus sonhos.

Você se desafiou dessa forma? Alguma vez já experimentou fazer algo que nunca havia feito na vida? Toda vez que lanço essas perguntas em minhas palestras, percebo certo desconforto entre as pessoas que me assistem. Eu demorei um tempo até entender quão difícil é assumir o medo de correr riscos, errar e fracassar.

Ao lançar-se no mundo, distante de sua zona de conforto, para conseguir realizar um sonho ou um plano de vida, o medo será o seu primeiro aliado. Mas nunca deixei esse medo ser maior que a minha coragem. Quando assumi, entretanto, que minha transformação dependia apenas de mim e de minha coragem, tudo mudou, eu perdi o medo e a timidez, descobri habilidades de falar em público e arranjei tempo em uma agenda de 86 horas de trabalho semanais.

Não tenha medo de fazer coisas pela primeira vez, pois só assim você terá a coragem necessária para se tornar um realizador de sonhos.

Para mudar, você vai ter de fazer coisas de que não gosta e que não conhece. Esteja preparado para isso e encare as dificuldades como oportunidades.

Capítulo 2
Trabalhe duro para trabalhar menos

Quando decidi investir meu tempo e meu dinheiro no empreendedorismo, eu tinha plena consciência de que, inicialmente, seria uma atividade a ser conciliada com a medicina. Eu teria de trabalhar duro em meu tempo livre para conseguir alcançar os meus objetivos. Outro ponto a ser considerado é que, ao decidir trabalhar com a medicina e as vendas ao mesmo tempo, os resultados apareciam mais lentamente.

Então, nessa jornada, eu trabalhei duro. Esqueci o que era tempo livre e coloquei todas as energias naquilo. Além de estar com o trabalho dividido entre a medicina e as vendas, minha vida foi também dividida entre estar no Rio de Janeiro e em São Paulo.

Ao longo dos três anos com duas profissões, trabalhei bastante para poder estar entre os melhores. Por isso, resolvi passar boa parte do meu tempo em São Paulo. Afinal, eu sabia que não poderia crescer no empreendedorismo contando com a rede de amigos e colegas com quem me relacionava na minha carreira de médico. Assim, mais uma vez, comecei a buscar formas de ampliar o meu leque de amizades, pois era outro negócio, outros interesses e, portanto, outras pessoas.

A partir do momento em que escolhi estar entre os melhores, tive de encarar críticas pesadas com relação à minha mudança de comportamento. *Eu queria ouvir críticas? Obviamente, não.* Mas ouvir todos os comentários negativos levou-me a entender que as mudanças de rota e de comportamento causam estranhamento, pelo fato de estar saindo do tradicional.

O plano era aposentar a medicina, e eu não escondia de ninguém esse desejo. Esse posicionamento choca. "Como vai largar a medicina?", "Vai viver do quê?", "Dedicou tanto tempo de estudo para largar a carreira de médico? Isso é capricho, vai passar", diziam.

Não era capricho nem eu estava louco, pois sabia exatamente o que eu queria e isso, por meio da parceria com minha esposa e com os amigos que encontrei no empreendedorismo, fez que eu permanecesse com coragem.

Portanto, defina o seu objetivo e corra atrás dele. As críticas vão aparecer de qualquer jeito e de todos os lados – esteja preparado. E a verdade, que você talvez já tenha descoberto, é que as críticas sempre existirão, seja seguindo uma vida dentro do padrão, seja buscando uma nova oportunidade.

Então, o meu conselho é que você ouça as críticas, mas permaneça fazendo o que precisa ser feito para se transformar num vencedor. Eu garanto que, ao atingir seus objetivos, todas as pessoas que o criticaram vão se esquecer dos comentários e desejar ter sua vida. Esteja preparado para isso também!

Me odeie
hoje,
mas me
ame para
sempre!

Sair do tradicional e romper as expectativas dos outros não é tarefa fácil: é preciso coragem. Você precisa estar preparado para buscar coragem em suas mais profundas fortalezas a fim de alcançar seu sonho.

É comum encontrar desculpas para permanecer em sua zona de conforto, e esse é, geralmente, o seu primeiro motivo para pensar em desistir de conquistar aquilo com que tanto sonhou. Por isso, antecipe os elementos que fariam você desistir descrevendo-os em uma lista. Assim, será possível encontrar maneiras de se controlar quando passar pela sua cabeça a ideia de que você não pode ou não consegue.

No meu caso, as maiores desculpas eram falta de tempo e de perfil. Era bem fácil justificar meus fracassos com base nos horários escassos. Afinal, sou médico e médicos nunca têm tempo. Outro ponto que me motivava a desistir estava calcado na minha falta de perfil, pois sou antissocial e fechado por natureza e, por isso, conseguia contar em uma única mão quantos eram os meus amigos.

No entanto, ao entender que aquelas desculpas impulsionavam-me a continuar com o tradicional em uma vida sem nenhuma mudança, comecei um movimento para espantar essas duas forças. Ou seja, comecei a trabalhar contra as minhas fraquezas.

Assim, para vencer tais obstáculos, precisava de organização, além de alinhar meus objetivos, minhas atividades e minhas funções à minha agenda. Todas as tarefas relativas ao empreendedorismo tinham de caber em 2 horas.

Dispunha apenas de duas horas livres para levar meu plano em frente. Para combater minha falta de perfil, precisava aprender a ser um vendedor, além de ampliar o meu leque de atuação.

Quando você conhece o ótimo, o bom se torna mais ou menos.

Mais uma vez, fui obrigado a sair da minha zona de conforto. Eu tinha de mudar que postura porque queria mudar de vida; portanto, entender por que eu estava preso à medicina foi fundamental para conseguir tomar distância daquela vida.

Os quatro pontos mais comuns nas pessoas que desistem de mudar de vida, comprovados por pesquisas de mercado – como a divulgada pelo site *administradores.com* – , são:

1. Estabilidade na profissão escolhida.
2. Falta de conhecimento para mudar de atuação.
3. Falta de dinheiro para investir.
4. Falta de tempo.

Esses quatro fatores são capazes de paralisar as pessoas na profissão que escolheram seguir – e acontece com mais frequência do que gostaríamos, porque é cômodo não mudar, ainda mais quando a vida está estável, sem grandes problemas financeiros. Afinal, apesar de não estar feliz, as contas estão pagas, e é isso que importa. *Não é? Não.*

Estar com as contas pagas importa, e muito, mas não é a única coisa importante. A vida é muito mais do que não estar no vermelho ou não ter dívidas. E se você consegue entender isso, mas não consegue se enxergar mudando de vida, tente inverter a situação, ou melhor, tenha minha história como exemplo.

Eu sou privilegiado, nunca enfrentei problemas financeiros na família, estudei nas melhores escolas a vida inteira e sempre tive grandes oportunidades. Eu me tornei médico porque eu quis, mas não me sentia realizado com a minha profissão, mesmo tendo cada vez mais retorno financeiro.

Nesse cenário, eu poderia muito bem ter cruzado os braços e ter me conformado com a minha vida, que era boa. No entanto, decidi romper com o tradicional. Por isso, se sua história for parecida com a minha, é ótimo. Abrace seus privilégios e entenda que você pode mudar o rumo de sua vida.

Agora, se sua história não for como a minha, e você não tiver tido os mesmos privilégios que os meus, agarre a oportunidade de entender que você pode fazer diferente e, mudar a sua história, transformando sua dor em movimento. O que é maior para você neste momento: a dor de continuar na vida que tem ou o medo de fracassar e perder o que já conquistou? A sua resposta vai mudar tudo.

Quando a sua dor for maior que o seu medo, você vai se movimentar.

Capítulo 3
Networking: a importância da rede de amigos

Sem tempo e com zero perfil, era esse o meu ponto inicial no mundo do empreendedorismo. Se não bastassem essas questões, eu ainda contava com todos os meus preconceitos relacionados à venda e à minha falta de amigos no ramo.

Como contei, minha disciplina e meu senso de organização foram fundamentais para driblar a falta de tempo. Eu tinha de – e tratava como uma obrigação mesmo – encaixar no meu tempo livre a atividade de empreender, pois, caso contrário, não conseguiria conciliar essa atividade com a medicina. Ao fazer isso, entendi que conseguiria seguir em paralelo até alcançar meu sonho.

Na verdade, quando eu pensava em sabotar meus desejos, pensava apenas no plantão de quarta-feira à noite: precisava sair daquela tortura, o que era motivação para seguir em frente. Tente encontrar algo que o motive, seja um trabalho estressante, uma dívida a pagar ou, simplesmente, uma meta pessoal, mas não se esqueça desse motivo nunca.

Enfim, depois de resolver minha questão com a falta de tempo, ainda tinha de ajustar meu perfil e ampliar minha rede de amigos. Bom, como você deve imaginar, a pessoa que se dedica a entrar num curso de medicina tem habilidade para o estudo.

Eu tinha essa característica a meu favor: zero preguiça de sentar a bunda na cadeira para estudar e aprender, mas não fazia a menor ideia por onde começar. Não sabia a que tipo de estudo eu deveria me dedicar para não perder tempo e aprender com qualidade. Por esse motivo, decidi buscar o que havia de melhor no mundo sobre *marketing* de relacionamento naquela época. Assim, procurei me aproximar das melhores pessoas que faziam as vendas on-line acontecerem no Brasil, mas elas estavam em São Paulo.

Então, graças à parceria e ao apoio incondicional da minha esposa, que sempre me ajuda para que eu possa ir atrás dos nossos objetivos, consegui organizar minha ida para São Paulo a cada duas semanas. Aliás, preciso deixar registrado neste livro toda a minha gratidão e admiração à minha mulher, pois sem ela eu não teria conseguido realizar os meus sonhos, ela me ajudou, na prática, a tornar os meus sonhos realidade.

Durante os três primeiros anos da minha carreira no mundo do empreendedorismo, estive em São Paulo quinzenalmente. Precisava buscar informações na fonte, então, era necessário realizar o deslocamento. Foi o que eu fiz.

Em São Paulo, passei a frequentar palestras, cursos e até a perder a timidez na hora de fazer apresentações, a fim de aprender mais, ouvir e conhecer esse mundo. Também encontrei inúmeras pessoas, com perfis variados, fiz amigos e mentores.

Assim, aprendi a lidar com meu perfil inexistente em vendas, pois precisava desenvolver essa parte da minha personalidade e ponto. Durante esse percurso eu "caí" em mim, e é isso que eu desejo a você: "caia" em si, para poder encontrar seus pontos fortes e suas fraquezas, e conheça os seus preconceitos para conseguir abandoná-los quando for o momento.

O período em que me dediquei à medicina e ao *marketing* de relacionamento foi árduo, mas foi também a época em que mais aprendi e cresci como pessoa e como profissional. Dentre as coisas que aprendi, há algumas lições importantes:

1. Buscar meus sonhos mesmo com tanta gente torcendo contra.
2. Entender que apoio é fundamental na conquista dos desejos.
3. Reconhecer que vendas não é trabalho de quem está falido.
4. Valorizar o tempo.
5. Ouvir o que as pessoas têm a falar, independentemente de formação e idade.
6. Seguir em frente.

Com tudo isso na cabeça, aos poucos eu fui me transformando no Fabiano que vocês conhecem hoje. Eu não deixei de ser quem sempre fui, mas cresci, amadureci e mudei muitos dos conceitos que me aprisionavam em uma medicina que me deprimia.

A melhor queda é "cair" em si.

Então, outro ponto que precisei aperfeiçoar foi minha rede de amigos. Eu sempre soube que não poderia contar com os amigos da medicina para implantar o *marketing* de relacionamentos e, por isso, tive de ajustar meu perfil novamente. Ele partiu de 0 amigo, antissocial e fechado, para amigos em todos os lugares do Brasil, e pude entender que *networking* constrói pontes e muda vidas.

A minha vida mudou e a sua também vai mudar. Portanto, para se tornar um grande empreendedor, tenha em mente 3 importantes pilares:

1. Aprender a vender alguma coisa.
2. Aprender a falar em público.
3. Aprender a se relacionar.

Assim como você, logo que entendi isso, eu fiquei incomodado, achando que jamais seria capaz de mudar o meu perfil para conseguir empreender. No entanto, como não sou de desistir, desejo que também não desista.

Eu traduzi esses pilares para a minha realidade. Como médico, eu tinha de me vender, entregar meu cartão, divulgar minha especialidade e meu consultório. Também precisava falar em público, uma vez que precisava passar meu conhecimento aos pacientes de modo didático para que eles seguissem minhas recomendações. Afinal, eu mexia com vidas. E, por fim, eu sabia estabelecer relações dentro do mundo da medicina, mas era necessário ampliar a rede para a minha nova atuação.

Eu tinha de vender um produto e – se você ainda não sabe – é bom que ter a consciência de que só se vende alguma coisa quando se transmite credibilidade e confiança. Por isso, apaixone-se por aquilo que vende, pois somente assim conseguirá alcançar sucesso nas vendas. Caso contrário, trabalhará apenas pelo dinheiro.

Para falar em público, é preciso desprender-se da sua timidez. Tome nota das inúmeras técnicas e aprendizados disponíveis atualmente, descubra o que se adapta melhor ao seu perfil e pratique quantas vezes forem necessárias – com treino, fica cada vez melhor. Não tenha medo de errar e de passar vergonha em público – todo mundo passa por isso –, mas domine sua apresentação, conheça o produto e tudo será mais simples.

O relacionamento, quer gostemos ou não, é chave de tudo nesse mundo. Perder o medo de se relacionar é um caminho para seguir impactando vidas no mundo do empreendedorismo. Pense no quanto precisa se relacionar para se manter na sua vida hoje. Imagino que seja muito, pois você precisa ter uma boa comunicação com o seu chefe para manter o emprego, com os amigos para ter uma vida social, com os filhos, para ensinar o que é preciso sem perder a razão e, por fim, com a sua companheira ou o seu companheiro, para ter uma vida a dois saudável.

No empreendedorismo, a lógica é a mesma: quanto melhor se relacionar e se apresentar, maior será seu leque de atuação e, assim, maior será seu retorno e crescimento.

Aproveite tudo o que um novo ciclo tem para oferecer, reúna todo o aprendizado do trajeto e saia transformado desse período de renovação. Hoje é um ótimo dia para começar!

Capítulo 4
Impactando outras vidas

Eu finalmente alcancei o que tanto buscava: a aposentadoria da medicina. Então, o que faço agora? A resposta mais simples seria: devo seguir a vida feliz com o empreendedorismo e atuando na medicina em que sempre acreditei. E esse é um caminho, mas não é único. O percurso que tracei, trilhei e percorri até aqui foi, muitas vezes, difícil e cheio de dúvidas, porém fui transformado como pessoa, empreendedor e médico.

Atualmente, eu conquistei meu objetivo e poderia estar satisfeito. Se você alcançar esse objetivo, pode fazer isso sem problema algum. Porém, no meu caso, eu não consegui parar por aí. O ponto a que cheguei e que alcancei fez que eu percebesse uma missão é muito maior e mais importante.

Se na medicina eu era capaz de salvar vidas, com o empreendedorismo consegui perceber o poder de impactar vidas. E esse impacto transforma histórias para sempre.

Assim, foi possível meu desenvolvimento como ser humano, pois deixei o medo de lado e permiti que a coragem falasse mais alto que a minha vontade de permanecer em uma vida tradicional e confortável como médico, jovem, casado e bem-sucedido. E, com isso, descobri o poder que existe em lutar para conquistar os sonhos.

Muitas vezes, o caminho será muito mais rico que a conquista almejada em si. É preciso estar atento a esses detalhes, colhendo todo o ensinamento que uma troca entre pessoas pode lhe oferecer. Se há algo que eu quero deixar como ensinamento neste livro é: aproveite o caminho.

Aproveite o caminho e percorra todos os trajetos presentes em sua rota. Não tenha medo de parar para refletir e, muito menos, de repensar seu início, mas não fique parado. As críticas e os julgamentos sempre existirão e a única saída para vencê-los é tapar os ouvidos e ter em mente os seus desejos.

O que você deseja? Como conquistar esse sonho? O que é preciso investir? O que preciso desenvolver? Quem faz o que você pretende fazer?

Aproxime-se dos bons, dos melhores se for possível, e nunca, nunca desista de você mesmo. A sua missão será transformada e você conseguirá encontrar o seu propósito. Porém, para isso, é preciso que não desista nunca e, mais do que isso, que tenha coragem de se movimentar, de abrir os olhos para o mundo que está ao seu redor.

Hoje, a minha missão é impactar vidas. E, ao perceber isso, entendi que não tenho o direito de guardar minha história só para mim. Afinal, minha missão é contar tudo o que sei e aprendi, para poder transformar a vida de quem se dispõe a me ouvir.

Este livro existe apenas com o objetivo de impactar mais vidas – a sua, inclusive.

Teve sua vida impactada? Está disposto a sair da zona de conforto, com coragem para mudar sua história? Se isso aconteceu, movimente-se, e – obrigatoriamente – indique este livro a alguém, pois assim você também vai impactar vidas.

Bora vencer?

Não há derrota que derrote aquele que nasceu para vencer.

Vencedor

Se você estava pensando que o teste feito no começo deste livro era só mais um teste de começo de livro de negócios e inspiração, você estava enganado. Aquele teste foi feito pensando na evolução das pessoas no decorrer da leitura deste livro. Assim como você, eu sei que o caminho para conquistar um sonho, muitas vezes, pode parecer tortuoso e inúmeras dúvidas aparecem, por esse motivo, ao me colocar no lugar de cada possível leitor, me vi na imagem daqueles 2 perfis.

O que há em comum entre eles?

A vontade de vencer. A vontade de mudar. A vontade de transformar a vida de outras pessoas. A vontade de agir. Os 2, por mais diferentes que sejam e por mais diferentes que possam ser os seus sonhos, têm um único objetivo: transformar e mudar a vida. E, por isso, só podem resultar em um único perfil:

VENCEDOR

Este é o perfil de quem conclui a leitura do meu livro. Longe de mim parecer pretensioso e fazer figura de *quem sabe tudo* aqui. Não sou esse cara e acredito que tenha deixado isso claro com a minha história de vida.

Mas eu acredito em você, meu caro leitor. Acredito que você realmente tenha parado para pensar na sua vida e nas escolhas que vinha fazendo até aqui e que tenha mesmo mudado a sua conduta. Ou se não partiu para a ação, ao menos parou para pensar e começou a refletir sobre algo que precisa ser transformado na sua história.

E isso é vencer. Ter um perfil vencedor não é apenas colher vitórias e sair comemorando finais de campeonato. Nada disso, ser vencedor é saber traçar estratégias para continuar alcançando o que você deseja e mudar o que for preciso. Vencer é saber reconhecer o que está errado, saber aceitar os erros e aprender com eles.

Independentemente do perfil que resultou no seu teste no início deste livro, você alcançará o perfil de vencedor. E eu acredito nisso. Mas mais importante do que a minha confiança em você, peço que você acredite nisso, no seu potencial.

A sua viagem pelo mundo de conquistas e sucessos na vida que você sempre sonhou está apenas começando. Desfrute o processo, sente-se na primeira classe e tome as rédeas da sua vida, das suas escolhas e, assim, continuará vencendo.

Pílulas do Doc

Por mais animado, corajoso e determinado que sejamos, há sempre um dia ou um momento da vida em que nos sentimos desanimados e, com isso, acabamos colocando em dúvida as nossas últimas decisões. Seja porque tivemos um dia difícil, perdemos uma batalha, ouvimos um não ou nos deparamos com alguém que desdenha dos nossos objetivos.

A verdade é que existem incontáveis motivos – ou seriam desculpas? – capazes de nos desmotivar e roubar a nossa coragem de seguir com o nosso tão sonhado projeto de vida. E, então, o que fazer nesses dias? Como conseguir driblar o desânimo e as incertezas? Como trabalhar com o desdém dos outros?

Como todo mundo que chegou aqui já deve saber, para esses dias não há muito o que fazer exceto buscar motivação no que mais nos inspira e nos impulsiona a seguir em frente, não é mesmo?

Pensando nisso, eu preparei um conteúdo extra, uma dose quase medicamentosa capaz de abater qualquer desânimo, tristeza e fraqueza que nos pegam em dias difíceis de nossa jornada. Trata-se de um conteúdo exclusivo, inspirado nos meus momentos de maior cansaço e necessidade de encontrar forças para seguir com os meus planos e, por isso, a recomendação médica é que você o deguste como quiser, tentando se libertar da culpa e da dor que teimam em aparecer nos dias difíceis. É claro que, se você desejar, pode ler de uma vez todas as receitas ou, simplesmente, abrir uma página aleatoriamente somente nos dias em que acordar sem vontade de acreditar em si mesmo. Deixo a seu critério, mas peço que não deixe de ler e nem deixe de buscar o que há de melhor dentro de você quando der início à leitura das *Pílulas do Doc*.

Deguste sem moderação o conteúdo dessas pílulas. Não há contraindicação alguma e, na verdade, quanto mais lidas, melhor será o seu caminho e mais motivado você se sentirá.

Tenho passado por muitos momentos difíceis. Vou esperar tudo normalizar para decidir minha vida.

A verdade é dura, mas precisa ser dita:

Você acha mesmo que ter problemas é uma exclusividade da sua vida?

Meu amigo, me desculpa, mas preciso informar que você não é tão especial assim e que todo mundo, TODO MUNDO mesmo, tem problemas. Todo mundo passa por fases difíceis, todo mundo enfrenta dificuldades, todo mundo tem surpresas desagradáveis, todo mundo precisa de dinheiro em algum momento, todo mundo se decepciona, todo mundo erra. E os dias difíceis fazem parte da nossa vida – felizmente, pois são esses dias que nos permitem mudar, aprender e evoluir.

O segredo está em saber dizer basta a isso! Se você ficar esperando os seus problemas diminuírem, o sol sair e o mundo melhorar, a sua vida continuará sendo a mesma para sempre. E a menos que você esteja satisfeito com a sua vida hoje, com os problemas que tem hoje e com os dias difíceis que enfrenta hoje, eu vou entender. Mas imagino que esse não seja o caso e que você sonhe em mudar a sua vida, por isso eu recomendo:

Pare de esperar as coisas mudarem para você mudar em si aquilo que precisa!

Não tá fácil!

Como você já percebeu: estou aqui para falar verdades!

Tudo o que você começa, faz pela primeira vez, ousa mudar, nunca será fácil. Nunca mesmo. Só o fato de desejar começar algo novo já é difícil – e você sabe disso –, imagine, então, como é o começo em si?

Claro que não é fácil!

Mas acomodar-se a essa afirmação é quase a mesma coisa que acomodar-se ao esperar as coisas melhorarem para mudar de vida, e enquanto você espera e se habitua ao fato de achar que as coisas não são fáceis, elas nunca deixarão de ser difíceis!

Vamos mudar o ponto de vista?

Lembre-se de que você já passou por inúmeras coisas difíceis na sua vida: a primeira aula de inglês, o primeiro dia na escola, a primeira aula de natação, o primeiro encontro, a entrevista de emprego, o vestibular, um desafio no trabalho. Uma lista imensa de coisas que não são fáceis, mas que você conseguiu superar e hoje nem as vê como tão difíceis assim, não é mesmo?

Pois então, entenda de uma vez por todas: as coisas só são difíceis até você torná-las fáceis!

Bora pra cima, encarar o que é difícil e viver com mais tranquilidade!

Claro que daqui a um tempo, minha vida vai mudar!

Se ousarmos arriscar uma pesquisa simples com 99% da população mundial, 99% afirmará que deseja uma vida diferente num futuro próximo.

Não acredita?

Em primeiro lugar, faça a pergunta a si mesmo: *como você imagina a sua vida no futuro?* Se a sua resposta for, no mínimo, diferente da vida que tem hoje, então repita a mesma pergunta às pessoas que estão ao seu redor. Posso não ser mágico ou vidente, mas afirmo com convicção que a resposta da maioria das pessoas – incluindo a sua e a minha – vislumbra mudanças positivas, projetos para um futuro melhor e mais confortável e, mais do que isso, busca a felicidade.

No entanto, posso afirmar também que boa parte das pessoas acredita que não pode fazer nada para que as coisas aconteçam do modo como idealizam e, por isso, o resultado num futuro próximo e num futuro distante é uma vida exatamente igual à que se tem hoje, com mudanças pontuais e significativas, mas que não beiram sequer os sonhos tão desejados por essas pessoas no passado.

Se não fizer nada por você hoje, sua vida continuará sendo a mesma, seus sonhos jamais sairão do papel e os seus caminhos jamais serão transformados. Tudo continuará do mesmo jeitinho que é hoje. Se você deseja ser diferente no futuro, comece a traçar a sua mudança hoje, pois só assim você conseguirá alcançar os seus objetivos.

Tô recebendo muitas críticas, ninguém me apoia.

Infelizmente, a nossa sociedade é cruel demais para se calar diante da coragem e do sucesso dos que ousam fazer algo diferente.

É horrível afirmar isso, mas a verdade é que a coragem incomoda e afronta as pessoas que estão ao nosso lado e se dizem nossos amigos.

Esteja preparado para ouvir críticas, para encontrar pessoas que convivem com você desde sempre, mas que passam a torcer o nariz, a criticar e a duvidar contra o seu trabalho, a sua transformação e a sua coragem de fazer algo novo.

Por que fazem isso?

Pode haver inúmeros motivos e muitos deles vêm acompanhados de afirmações que pretendem nos acomodar em uma zona de conforto chamada de consideração, amor e afeto. Com o ar de apenas desejarem o nosso bem – e pode ser que desejem mesmo o nosso bem – as críticas bem-intencionadas dessas pessoas podem nos afastar do nosso propósito, dos nossos sonhos e das nossas conquistas.

Por isso, se a sua intenção é fazer algo novo, algo fora do comum e do esperado pelas pessoas, esteja preparado para ouvir críticas bem e mal-intencionadas. Se você estiver preparado para isso, conseguirá seguir adiante com os seus sonhos. Caso contrário e caso não queira ouvir críticas de seus amigos e familiares, meu conselho é que você abra mão dos seus novos planos e continue fazendo o que as pessoas esperam que você faça, mas aí você não mudará nunca.

Isso não é pra mim, isso é pra você!

Não custa reforçar a máxima de que estou aqui para falar verdades, não é mesmo?

Pois bem, por mais dolorido que seja ouvir uma verdade como a que vou dizer agora, a afirmação *isso não é para mim, é para você* nada mais é do que uma bela de uma desculpa! Uma desculpa sem defeitos que costumamos contar para nós mesmo quando queremos nos convencer de que determinada mudança ou atitude da vida de alguém que deveria nos inspirar no fim acaba nos intimidando.

Pare de acreditar que você não pode mudar!

Pare de acreditar que o sucesso não é para você!

Pare de acreditar que a sua vida não pode mudar!

Pare de aceitar que as coisas não têm solução!

Se você quer, realmente, mudar e sonha com um futuro melhor, você precisa deixar as crenças negativas de lado e acreditar, de uma vez por todas, no seu potencial, na sua coragem e na sua determinação. Mude o seu discurso para crenças positivas e comece a alcançar a mudança que você tanto deseja.

Eu posso mudar a minha vida!

Eu consigo melhorar a minha vida!

Eu sou capaz de traçar o meu próprio caminho!

Eu tenho coragem para fazer o que ninguém faz!

Comece com essa lista e vá acrescentando, a cada dia, quando bater aquela insegurança, uma mensagem que te motive a seguir em frente, a ser o que você sempre sonhou.

Eu não gosto de vender. Sou péssimo nisso.

Embora boa parte das pessoas acredite que somente é vendedor aquele que vende algum produto e, a partir disso, deposita todo o seu preconceito em cima dessa prática, devo informar que todos somos vendedores. O mundo é formado por vendedores natos e, mais do que isso, que dependem da venda para continuar existindo.

Tire da sua cabeça a imagem do vendedor chato e insistente, capaz de mentir para concretizar uma venda, e comece a visualizar a vida e as vendas como elas realmente são. Para te ajudar, vou usar a mim mesmo como exemplo. Eu, Fabiano, médico cardiologista, dependo da minha habilidade em vender para conseguir levar pacientes ao meu consultório; sem essa habilidade a minha sala de espera ficará vazia e ninguém terá acesso ao meu consultório e, portanto, não conseguirei me manter na profissão de médico.

Consegue entender em que ponto quero chegar?

Quero dizer que todos somos vendedores, todos precisamos vender algum serviço, alguma habilidade e alguma informação. Seja o seu trabalho, o seu produto e a sua habilidade em fazer alguma coisa, você precisa que as pessoas te conheçam e cheguem a você. Portanto, aceite, por mais difícil que seja aceitar, você é um vendedor.

Todos somos vendedores!

O que me trava é...

Meu amigo, vamos combinar que nessa afirmação há algo de errado? Há algo que não combina com a sua vontade de crescer? Há algo que não condiz com a sua ousadia?

Posso afirmar, sem nem saber qual é sua trava, que há, sim, algo de muito errado quando ouço de alguém – seja quem for esse alguém – que não consegue crescer por conta de uma determinada trava. E está muito errado pelo único e simples motivo de que, se essa trava é identificada, ela já não é mais uma trava, não é mesmo?

O que é então?

O nome disso é desculpa! DES-CUL-PA!

Se você já sabe o que te trava, mas, ainda assim, não saiu do lugar por conta dessa trava, isso já deixou de ser uma trava há muito tempo. Você se acomodou na lacuna do seu progresso, no gap que falta para conseguir chegar lá e alcançar o seu objetivo.

Mas, calma, não se desespere! Há uma saída: aceite que você tem uma desculpa, não uma trava, e corra atrás do que é preciso para deixar essa trava para lá e melhorar de uma vez por todas e conseguir alcançar o seu objetivo.

Você consegue! Eu tenho certeza disso! Corra atrás dos seus sonhos e não desanime. Amanhã, você se lembrará com satisfação de tudo o que fez para conseguir chegar ao lugar onde está – sim, estou falando do seu futuro como se fosse o seu presente porque acredito em você e no seu potencial.

Só não fique parado, por favor!

Meus amigos não se interessariam por isso.

Essa é uma das afirmações mais comuns de se ouvir por aí e nas mais variadas esferas da vida. E, claro, é natural que você sinta isso e não veja seus amigos se interessando por algo novo, algo em que você esteja decidindo investir seu tempo e seu dinheiro. Natural, porém, equivocado.

Pensar que seus amigos têm que necessariamente te apoiar no mundo dos negócios ou, pior que isso, que seu negócio depende dos seus amigos para alavancar é injusto e até perigoso. Eu, por exemplo, como médico cardiologista, jamais desejo ter de receber um amigo meu no meu consultório para cuidar de alguma doença grave. Jamais. A lógica para todas as áreas da vida é a mesma.

Entenda que você não precisa dos seus amigos para nada! NADA mesmo.

Amigo é para acolher, para rir, para sair e se distrair. Amigo não é para fazer negócios. Mantenha os seus amigos por perto e não deixe de ter momentos de lazer com eles e esteja aberto para que os novos amigos, alinhados a seu novo propósito de vida, cheguem e façam parte da sua rotina. Há espaço para todos!

Por fim, não custa nada lembrar o bom e velho ditado:

Amigos, amigos; negócios à parte.

Isso é aquilo! Eu já conheço.

Se nós deixássemos de achar as coisas com certeza, o mundo estaria melhor. Não sei se completamente melhor, mas mais inteligente, com certeza, estaria.

Pare de acreditar que você sabe tudo e que tudo o que vão te apresentar você já viu ou ouviu. Pare de achar que sua inteligência é maior e melhor que a do outro.

Abra os seus ouvidos, abra a sua mente, abra o seu coração e esteja pronto e atento para ouvir o que o outro tem para te apresentar. Na pior das hipóteses, você terá ouvido uma série de coisas que não faz sentido e que, simplesmente, não te interessa e, aí é muito simples, entrou por um ouvido e saiu pelo outro, mas você ouviu e se permitiu conhecer o que havia de bom ou de ruim na visão do outro.

É ouvindo e querendo conhecer outro que as grandes oportunidades e ideias aparecem. Aproveite as chances que a vida e as pessoas te oferecem e saiba fazer limonadas dos limões. Depois, lá na frente, não vão dizer que eu não avisei.

Humildade, meu amigo, nunca é demais!

Tô sem sorte!

Sério mesmo que você acredita que é o único ser iluminado da face da Terra sem sorte? Sério?

Pois estou aqui para te dizer que aprendi, depois de muito tempo e de muita experiência, que a sorte não é exclusividade de uma ou de outra pessoa. A sorte aparece para todo mundo, desde que todo mundo esteja em movimento, em busca de algo.

Por isso, se é sorte que você acredita estar faltando para alavancar o seu projeto e para realizar o seu sonho, saia, coloque-se em movimento. Comece a buscar o que te interessa, o que te motiva, o que te faz feliz, o que te põe para cima. A sorte vai aparecer. A sorte vai vir em forma de oportunidade, de empreendimento, de negócio. Mas vai aparecer.

Saia da sua zona de conforto e dê de cara com a sorte que você acredita que perdeu!

Eu tentei.
Não tente. Consiga!

Eu queria berrar, colocar essa afirmação em letras garrafais, para que você nunca mais se esqueça disto: não deixe de realizar seus sonhos, faça o que for preciso para que você consiga alcançar tudo o que você deseja.

Tente sempre e quantas vezes forem necessárias, mas não deixe de tentar até conseguir, até chegar ao ponto máximo da sua trajetória e de tudo aquilo que você sonhou para a sua vida e para o seu futuro.

Você é capaz e pode conseguir tudo, mas se continuar acreditando que já fez tudo o que pôde e, por isso, desistiu de tentar, você só terá as tentativas para contar para si e para os outros. E não é isso que você quer, né?

Eu sei que não. E, por isso, quero te ver conseguindo, agindo e movendo-se em busca de tudo aquilo que te inspira a seguir em frente e ser o que você sempre sonhou.

A partir de hoje, passe a afirmar CONSIGO no lugar de tentei.

Tô tentando convencê-lo a...

Nunca é tarde para lembrar que você, meu amigo, não é obrigado a nada. E se isso é verdade, o outro lado dessa afirmação também é e, pelo mesmo motivo, você não deve tentar convencer ninguém a nada!

Convencer é desgastante tanto para quem tenta quanto para quem recebe. Insistir em algo é obrigar a pessoa a querer fazer algo que você quer, mas ela não. E isso, eu afirmo, não vale a pena. Não vale a pena porque ninguém faz nada direito se não acredita verdadeiramente no que faz. E eu sei que você acredita no que faz e, por isso, não vale a pena querer ter ao teu lado pessoas que gostam mais ou menos de você e do produto que você vende.

Entenda que você vende propósito e cabe às pessoas, ao ouvirem a sua apresentação, escolherem seguir o seu propósito ou não.

Seja um bom vendedor de si mesmo e do seu produto, mas pare de perder tempo acreditando que tem que convencer alguém. Essa crença do convencimento espanta venda e afasta sucesso.

Roubaram os meus sonhos. Aí, eu desisti.

Vamos combinar que roubar sonhos é bem diferente de roubar carteira ou roubar carro, né? Quando alguém rouba a sua carteira, na maior parte das vezes, é contra a sua vontade. Você não autoriza que alguém, simplesmente, leve o seu dinheiro.

Já com os sonhos, a conversa muda. Só rouba os seus sonhos quem você autoriza, ou melhor, você deixa que roubem os seus sonhos se você quiser, se você deixar. E ao afirmar isso, mais uma vez, você está dando uma desculpa para justificar o que você tentou e não conseguiu.

No entanto, por trás dessa frase você leva junto todo o seu futuro, sua família e seus planos de melhorar, de fazer algo por você.

Por isso, pare de acreditar que as pessoas podem destruir os seus sonhos e limitarem você a um simples desiludido deprimido e conformado. Mude a sua perspectiva e alinhe os seus projetos para conseguir alcançar os seus sonhos. Mais uma vez: faça o que for preciso – respeitando as pessoas, é claro – para conseguir, mas consiga.

Tá se sentindo em uma gangorra emocional? Seja bem-vindo!

Tá aí uma sensação que não é exclusividade na vida de ninguém. Você não é único e nem será o último ser humano a se sentir em uma gangorra emocional. A vida é uma verdadeira gangorra de sentimentos. E, claramente, a pessoa que decide se arriscar a fazer algo novo, a tentar uma nova carreira e a buscar uma nova vida, está exposta a viver num vai e vem de sentimentos.

E a verdade é que muito de tudo o que vem no kit de sentimentos da gangorra emocional foge um pouco do nosso controle. Nem tudo depende de você e, além disso, tudo pode acontecer quando outras pessoas e outras esferas estão envolvidas na nossa trajetória. É um compromisso que é desmarcado, é uma pessoa que falta na entrevista de emprego, é um voo que é remarcado, é um produto que não chega na data prevista. Tudo isso, meu amigo, foge do seu controle racional e, por isso, é preciso entregar-se a cumprir o que você pode e fazer com que as coisas fluam. O que você não pode controlar, não será modificado.

Busque atingir o controle emocional do que está ao seu alcance, da sua vida e das suas relações. O resto virá com o tempo. Fique tranquilo.

Respeite o seu tempo e a sua cultura

Quando o assunto é vida, é preciso lembrar que não existe nada que seja comum a todos os indivíduos. Como o próprio nome já diz, o indivíduo éúnico e, exatamente por isso, é impossível replicar algo que sirva de base para todos nós.

Cada um de nós cresceu em um determinado ambiente, com crenças e culturas diferentes. E, mais do que isso, crescemos e fomos educados por pessoas diferentes. Formamos uma única personalidade e, com isso, cada um de nós tem habilidades mais ou menos desenvolvidas que as outras pessoas.

Assim, não existe nenhuma competição entre você a qualquer outra pessoa do mundo. A competição deve ser estabelecida com você mesmo. Mas como? Não vale a pena ficar se comparando com outras pessoas, estabelecendo níveis de comparação em que alguém é melhor que você, se destaca mais que você, conseguiu algo a mais que você.

Repito: não vale a pena competir com outras pessoas. E não vale porque você nunca poderá saber com certeza o que determinada pessoa fez de diferente de você para conseguir ter o que ela tem. E, tenha certeza de uma coisa, se ela se destaca em algo, provavelmente luta para melhorar em outro ponto.

Pare de se comparar com outras pessoas e não estabeleça competições com outros indivíduos. Estabeleça metas para você mesmo. Defina pontos que precisam ser aprimorados em você. Identifique pontos que você já desenvolveu. Valorize-se. Tenha segurança no seu potencial e alcance os seus sonhos.

Se não fosse isso, eu...

Quem aqui nunca inventou uma desculpa para si mesmo que atire a primeira pedra!

Vamos combinar, nós, seres humanos, amamos encontrar uma justificativa para driblar o nosso medo de mudarmos as coisas que nos incomodam. É natural que isso aconteça, afinal de contas é bastante confortável nos mantermos na nossa zona de conforto. É gostoso, aconchegante e acolhedor não mudar nada.

No entanto, se o que você quer não está na vida que você tem hoje, pare de encontrar desculpas para a sua inércia. Pare de se desculpar por aquilo que você não consegue fazer ou cumprir. Deixe as pedras de lado ou, simplesmente, mude-as de lugar e comece a agir. Entenda que as desculpas que você dá hoje são as mesmas reclamações que você continuará fazendo amanhã. Não se desculpe se você quer vencer.

Falta de tempo e falta de dinheiro são constantes na vida de muitos brasileiros, então, mexa-se e comece a mudar as coisas para que você possa deixar de se sentir sempre sem dinheiro.

E, lembre-se, sair da zona de conforto não é fácil. Aparecerão pedras no seu caminho, sim. Mas elas valerão a pena e serão ensinamentos se você souber aproveitá-las.

A sua vida é boa, sim. Mas você ainda não conhece a ótima.

Eu não duvido de que a sua vida, exatamente como ela é hoje, seja boa. Ela é boa, sim. Assim como a vida de boa parte das pessoas que têm um emprego, um salário fixo, com plano de saúde, que consegue pagar as contas em dia, viaja uma vez por ano e, ainda, tira férias.

Como dizer que a vida de uma pessoa que tem toda essa estabilidade não é boa? Não posso.

No entanto, será que essas pessoas, será que você, já conheceu uma vida que seja ótima? Uma vida que seja diferente, para melhor, de uma vida garantida numa estabilidade de oito horas de trabalho diário de dedicação total a uma empresa?

Acredito que muita gente que tem uma vida boa nunca teve acesso a uma vida diferente, melhor do que a vida boa. E eu posso garantir, existe uma vida ÓTIMA!!!!

Existe uma vida em que é possível montar o seu próprio horário, com flexibilidade para estar com as pessoas que você ama, poder viajar quando quiser e, melhor do que isso, ganhar duas ou três vezes mais do que você ganha estando na sua vida boa.

Vale arriscar?

Isso, meu amigo, só você pode decidir. Só você vai saber se está a fim de se dedicar a aprender coisas novas e ter menos tempo por um período para poder alcançar uma vida ótima.

Eu garanto que vale a pena!

Não deixe o medo vencer!

Você já parou para pensar que todos nós temos medo? Não?

Pois eu estou aqui para te dizer que todo mundo tem medo. Todos nós, em algum momento da vida, fazemos coisas pela primeira vez e, nesses momentos, todos nós sentimos medo. O medo é uma característica inerente ao ser humano. Ter medo é comum, é normal e até aconselhável em alguns casos.

Pular na piscina pela primeira vez dá medo. Viajar sozinho pela primeira vez dá medo. Falar em público pela primeira vez dá medo. O primeiro dia de aula dá muito medo. O primeiro encontro dá um medo gigante. O primeiro emprego dá medo. Tudo que é novo assusta, apavora. E não pense que isso é comum somente às pessoas "comuns". Não me canso de ver declarações de pessoas famosas e bem-sucedidas afirmando o quanto elas sentem medo de fazer o que fazem, mas, mesmo assim, fazem. Afinal, você pensa que o Messi fica normal, tranquilo, toda vez que entra em campo para disputar uma final da Champions League?

Viver, apesar do medo, é que transforma as pessoas em vencedoras. E viver, apesar do medo, é descobrir o frio na barriga. É permitir-se enfrentar o desconhecido, a conhecer o novo e a colher os frutos dessa emoção.

Vença o seu medo. Passe a viver apesar do medo para que a sua história comece a mudar.

Não gosto de fazer isso.

É muito fácil sair por aí afirmando que não se gosta de alguma coisa sem nem ao menos sabermos o que é determinada coisa. Estamos acostumados a tantas coisas que afirmar que não gostamos de algo virou quase um mantra da nossa vida. Apontar o dedo para algo e decidir que não é gostoso é mais fácil do que decidir experimentar, arriscar a conhecer o gosto dessa coisa. E, por esse motivo, nos estagnamos na nossa zona de conforto e não saímos dela porque não gostamos de coisas que estão fora dessa zona.

Mas você já se perguntou o que seria, realmente, esse não gostar? Para mim, não gostar virou um mix de sentir medo e não ter vontade de fazer determinada coisa. Sentir medo porque, quando decidi mudar a minha vida, tive de me arriscar a fazer muitas coisas com as quais não estava acostumado e nem sonhava que um dia teria de fazer, e não sentir vontade porque entendi que, para vencer, eu teria que me sacrificar durante um período a fim de alcançar os meus objetivos e, muitas vezes, é claro, eu não senti vontade de abrir mão do meu tempo livre. Sou humano!

Por isso, ao afirmar *não gosto de vender, não gosto de falar em público, não gosto de falar inglês, não gosto de conversar com pessoas que não conheço*, procure pensar se você realmente não gosta dessas coisas ou se simplesmente tem medo delas e não sente vontade de vencer esse medo. Garanto que se você perceber que é uma questão de falta de vontade de vencer o medo, as coisas vão mudar e você vai descobrir que gosta de fazer muitas coisas que nem imaginava.

Quer tentar?

Caramba, tô errando muito!

Será que errar muito é ruim?

Eu sempre procurei refletir sobre o que é erro na minha vida. E, na maior parte das vezes, só consegui enxergar o erro como aprendizado, como uma oportunidade para aprender algo novo, diferente. Imagine, por exemplo, como é a vida de um médico. Para que um médico aprenda a operar o coração de alguém, ele precisa acompanhar outro médico mais experiente e observá-lo fazer quantas cirurgias forem necessárias até que se torne apto a realizar uma na companhia desse médico, que estará ali ao lado para corrigir os seus erros. O médico, antes de se formar e começar a clinicar sozinho, erra muito, mas muito mesmo.

Portanto, não posso encarar o erro como algo ruim. Errar é uma porta de entrada para viver o novo e para não cometer o mesmo erro outra vez. E para aprender. Não cansar de aprender.

Então, quando alguém me diz com ar de lamento que está errando muito, eu fico um pouco sem entender o quanto a reflexão do erro tem feito parte da vida dessa pessoa. Será que você já parou para refletir sobre o que é errar?

Se não fez isso ainda, deixo aqui aberto o convite. Procure pensar nos erros que já cometeu e, mais do que isso, tente pensar se já cometeu o mesmo erro mais de uma vez. Não veja essa reflexão como algo ruim, mas como uma oportunidade para se permitir a aprender, a mudar a perspectiva da sua vida e a aprender consigo mesmo.

Às vezes, nós precisamos de um pouco de tempo e de chances para mudar o ponto de vista. O erro é uma dessas coisas, que nos ensinam e nos fazem mudar as ações futuras.

Se você está errando muito é sinal que você está aprendendo mais do que imagina. Dê uma chance a si mesmo e absorva todo esse aprendizado.

Não seja um obeso mental.

Por mais engraçada que possa parecer essa expressão, ela quer dizer exatamente o que propõe: não pense demais nem aja de menos. É comum (e, em muitos casos, louvável) encontrar por aí pessoas que estudam e analisam as oportunidades, os casos e os processos nos quais se propõem aventurar nessa vida.

Isso está errado?

Em certos termos, pode-se dizer que sim. Afinal, como já disse em outras páginas deste livro, tudo que está em desequilíbrio pode nos causar algum dano, nos travar em determinado ponto. Estudar demais, por mais admirável que isso seja, pode nos travar as ações e, ao travarmos no momento de agir, perdemos oportunidades, cometemos erros e deixamos de vencer.

E deixar de vencer não é bem o que você quer, é?

Tenho certeza que não!

Então, procure encontrar um equilíbrio, alinhe os seus planos aos seus objetivos e não deixe de agir para priorizar o estudo e a análise de suas ações. Lembre-se: analisar e pensar é importante, mas não agir é retroceder, é estagnar no ponto em que você está. Equilibre os dois pratos da balança. E se não conseguir esse equilíbrio, pense enquanto age, pois, na pior das hipóteses, você cometerá um erro que poderá ser corrigido.

Só não deixe de agir porque quer pensar mais um pouco. Pense um pouco e deixe *o mais* para o momento da ação.

Abandone a obesidade mental.

Com quem você anda almoçando?

Se tem uma pergunta que me intrigou por um tempo, foi esta: afinal, com quem você anda almoçando?

A primeira vez que a ouvi, confesso, não entendi o que ela queria dizer no fundo. Mas depois de um tempo, quando eu comecei a ser chamado de *louco e lunático*, compreendi que o meu problema estava nas minhas companhias de almoço. Não quero dizer que as pessoas que almoçam com você são a justificativa para os problemas da sua vida, longe de mim fazer um julgamento desse tipo.

Mas você já reparou em como funciona a dinâmica do seu dia a dia? Em como você se organiza dentro e fora do trabalho? Quais são as suas escolhas? Quem almoça com você?

Certamente, as respostas a essas minhas perguntas se resumem ao seu trabalho, às pessoas que convivem com você diariamente. E, não se assuste, você não está sozinho nessa. Seja por inércia, seja por comodismo ou por escolha, nós acabamos escolhendo conviver sempre com as mesmas pessoas, comer sempre a mesma comida e, quando possível, nos sentamos sempre na mesma mesa porque é mais confortável, é mais seguro, não corremos o risco de errar.

E, assim, sem perceber, permanecemos na nossa tão amada zona de conforto, mantendo os problemas de sempre, compartilhando os mesmos sonhos e as mesmas reclamações com as pessoas que ganham o mesmo salário que a gente. E nada muda. Nada muda porque é confortável se manter assim: a vida está boa desse jeito, não há nada de diferente acontecendo.

Por isso, se você quer mudar de vida, mude as suas companhias. Experimente novos sonhos, novos desafios, novos problemas, novos objetivos. Isso não quer dizer que as pessoas de antes não merecem mais a sua amizade. Isso significa que você precisa mudar seus ares, abrir espaço para a sua mente trabalhar e prosperar.

Para mudar a sua vida, repense: com quem você anda almoçando?

A decisão foi tomada? Tem certeza?

É muito comum ouvirmos em palestras motivacionais, de formação de líderes, afirmações aleatórias sobre decisões importantes e que vão impactar drasticamente o rumo da nossa vida. E essas afirmações vêm acompanhadas de gritos que prometem mudar o nosso destino: *vou ficar rico, vou construir um futuro diferente, vou impactar a vida de mais pessoas, vou prosperar no meu negócio* e por aí vai. Mas será que essas afirmações são verdadeiras?

Eu tenho certo receio em afirmar que não. Nada contra essas palestras – aliás, gosto e acredito muito nesse modelo de formação de líderes –, mas uma decisão tão importante e tão drástica não acontece assim, da noite para o dia, no calor do momento e na exaltação de toda a motivação recebida de um mentor influenciador.

Não, uma decisão verdadeira e que realmente vai significar mudança na sua vida nunca virá de imediato. Experiência minha, hein? Mas essa decisão será muito mais sentida do que dita.

Como assim, Fabiano?

Para mim, ao decidir mudar o seu futuro, por mais que tenha repetido isso ao longo de toda a sua vida, você só começa realmente a mudá-lo quando passa a agir no mesmo instante que programa os próximos passos.

Afinal de contas, quantas vezes não dizemos que estávamos insatisfeitos com a vida que levávamos, mas encontrávamos mil e um motivos para não mudar nada porque era arriscado demais perder o que tínhamos? Muitas vezes, não é mesmo? E você não dizia naqueles momentos que ia mudar de vida? Eu, pelo menos, me vi fazendo isso por muitos e muitos anos, até que senti que estava mudando, que tinha decidido mudar de verdade e comecei a agir.

Que mudar? Não decida dizer que decidiu mudar. Decida agir.

Amanhã não. Hoje.

Para que deixar para amanhã se você pode fazer hoje?

Não há resposta que justifique isso.

Se você decidiu mudar a sua vida, faça hoje. Se você decidiu ser diferente, mude hoje. Não deixe para agir no dia seguinte. O amanhã pode se revelar cheio de surpresas e sua decisão e sua vontade de agir podem perder a força. Além disso, você pode mudar e fazer com que essa decisão não faça mais sentido na sua vida.

Tem medo de errar?

Não tenha. Lembre-se de que você aprende errando e colecionar erros não é sinônimo de fracasso, mas sim de aprendizado e o aprendizado o levará ao sucesso.

Por isso, pare de procrastinar e deixar para depois. O difícil, meu amigo, é tomar a decisão. É acreditar na mudança de vida que você tanto busca. Depois disso, basta agir, e agir é fácil, você só precisa perder a preguiça e agir.

A luta sempre foi contra você mesmo.

Vai ter crítica, sim.

Vai ter gente torcendo contra, sim.

Vai ter gente dizendo que você não é capaz, sim.

Vai ter gente falando o que você não quer ouvir.

Não vai ser fácil.

O desafio vai existir diariamente e, a cada dia, virá com uma cara nova. Seja na presença do amigo antigo que não comprou a sua ideia, na figura dos seus pais que não querem que você arrisque o seu emprego estável, na insegurança da sua esposa ou esposo por terem medo de que você quebre a cara. O desafio vai aparecer.

Por isso, você precisa estar pronto para encará-lo, sabendo que a luta sempre vai estar dentro da sua cabeça. Tudo isso só vai te abater e te fazer retroceder ou estagnar se você deixar, se você não acreditar em si mesmo.

Acredite em você, fortaleça as suas ideias e não tenha preguiça de seguir em frente, de alinhar as suas metas e alcançar os seus objetivos.

Se é verdade que só você pode realizar os seus sonhos, é verdade que você também é o único responsável por não conseguir realizá-los, por isso, respire fundo e mantenha-se forte para chegar ao ponto com o qual você sempre sonhou.

Você consegue.

Conseguiu? Ensine!

Se tem uma coisa que aprendi nesse mundo empreendedor é: compartilhar conhecimento. Não há nada mais valioso do que conhecimento e é egoísmo demais não compartilhar com outras pessoas o que sabemos, o que aprendemos ou o que superamos. Reter conhecimento não garante que você continue sendo exclusivo naquilo você faz. Ao contrário, impede que você aprimore a sua ação com o conhecimento do outro, o olhar do outro.

Mas eu sei que é muito comum pensarmos o contrário. É comum imaginarmos que o mundo todo esteja de olho naquilo que fazemos de melhor para poder roubar a nossa ideia e fazer sucesso com ela. Mas, quer saber, propagar o que é bom não é a melhor coisa do mundo? Então, se você tem algo bom, algum conhecimento inovador, alguma prática bem-sucedida, algum dom ou habilidade para superar problemas, não o mantenha fechado no seu mundo e na sua cabeça.

Espalhe conhecimento. Espalhe ensinamento. Espalhe superação.

Entenda que compartilhar o que você sabe, o que você imagina, não é sinônimo de derrota ou fracasso, mas sim de sucesso e de formação de rede de pessoas do bem, que querem o seu bem e que vão se lembrar de você quando tiverem de compartilhar algo que o faça crescer e evoluir em qualquer área da sua vida.

Não segure conhecimento por medo ou egoísmo. Pratique o bem e o bem voltará para você.

Esteja preparado. Vista a camisa.

Assim como qualquer outro profissional de qualquer área do conhecimento, é essencial que estejamos preparados para o que der e vier. E, por favor, peço que você entenda *preparado* no sentido real da palavra e que compreenda que adquirir conhecimento e munir-se de informação e de capacidades é essencial para tornar-se um profissional completo e pronto para atender o que for solicitado.

Prepare-se. Informe-se. Busque conhecimento. Reformule o que você já sabe.

Convença-se de que somente um profissional bem preparado terá condições de abraçar toda oportunidade que aparecer pela frente. Esteja atento às condições do mercado e a tudo o que está ao seu redor para continuar em constante evolução e aprimoramento de suas capacidades.

Lembre-se: as oportunidades aparecem para todos nós, mas somente os que estão preparados conseguirão aproveitar todas elas e, com isso, mudar de vida e impactar outras vidas.

Se você não se apaixonar pelo processo, dificilmente chegará ao objetivo final.

Peguei emprestada essa frase do Bernardinho, técnico da seleção masculina de vôlei e ele a usa para motivar a equipe. Para ele – e eu assino embaixo – se a equipe não for apaixonada por aquilo que faz diariamente, dificilmente será vitoriosa e é provável que não alcance nenhum êxito.

Levando isso para outras áreas, pense, por exemplo, no médico, no advogado, no professor, no vendedor. Enfim, em qualquer profissional. É fácil É fácil diferenciar entre os profissionais que são apaixonados por aquilo que fazem e aqueles que não são apaixonados. A paixão transparece nas pequenas ações e faz com que os clientes percebam que o amor em fazer aquilo é maior do que qualquer retorno financeiro e, por esse motivo, é tão comum ouvirmos elogios a profissionais que se referem ao modo como fazem o trabalho, como entregam o produto. Isso é amor.

A verdade é que todo trabalho exige uma rotina e tudo se torna mais fácil quando nos apaixonamos pela rotina, pelo processo que nos levará ao nosso sonho e a tudo aquilo que buscamos.

Por esse motivo, para saber se você está no caminho certo, o bom filtro é parar para pensar na sua rotina. Se, apesar de tudo, de todos os perrengues e pontos negativos que qualquer trabalho causa e exige, você responder que ama o que faz, então você está no caminho certo e conseguirá alcançar o que tanto deseja.

Caso contrário, se você não ama o processo, mude o que está fazendo agora. Ninguém alcança seus sonhos da noite para o dia. Lembre-se disso.

Trabalho mais porque tenho um sonho maior.

Quando decidimos seguir um caminho mais ousado no que se refere à escolha profissional, é muito comum ouvirmos de nossos amigos e pessoas que nos amam que estamos trabalhando demais. Justificam essa *acusação* alegando o amor e a preocupação que sentem por nós. Mas será que essas pessoas alguma vez se perguntaram se o que você está fazendo hoje, se o excesso de trabalho na sua vida hoje, não tem um objetivo maior? Eu arrisco dizer que não se perguntaram.

Esteja preparado para ouvir esse tipo de preocupação se o que você está buscando com este livro é mudar completamente a sua carreira e a sua escolha profissional. Você vai ouvir inúmeras críticas e muita gente vai se preocupar com o que você está fazendo, por isso meu conselho é:

1. Apaixone-se pelo processo
2. Saiba responder a essas perguntas e preocupações com o seu sonho maior.

Ao conseguir estabelecer esses dois pontos na sua trajetória, toda e qualquer dificuldade e crítica não serão capazes de atrapalhar o seu caminho para alcançar o seu sonho.

Lembre-se dos seus sonhos, dos seus objetivos e, assim, conseguirá se manter sempre firme e forte no seu projeto.

Faça direito, porra!

Não seja mais ou menos, por favor!

No momento em que decidir seguir um caminho, seja ele qual for, esteja nesse caminho por inteiro, completamente dedicado a conseguir alcançar seus objetivos da melhor maneira possível. E isso, entenda, não tem nada a ver com tempo ou com oportunidade, tem a ver com você mesmo e com as escolhas que você faz.

Escolha ser inteiro, escolha estar entre os melhores, escolha ler os melhores livros sobre o assunto, escolha fazer o seu melhor para conseguir atingir as pequenas metas, escolha frequentar os lugares certos, escolha agir por inteiro. Ao escolher ser inteiro e agir completamente focado no seu objetivo, você conseguirá alcançar os seus sonhos.

Por isso:

Faça direito, porra!

Ou nem faça.